Yamamoto Tsunetomo

Hagakure

HAGAKURE

HINTER DEN BLÄTTERN

Yamamoto Tsunetomo

Danke: Takao Mukoh. Stephan Gütersloh, Gabriel Fuder, Ivo Scheloske. Jim Jarmusch. Hiroaki Sato. Kinowelt.

Hagakure. Hinter den Blättern. Das neue Buch zum Weg des Samurai./Yamamoto, Tsunetomo. Deutsch von Guido Keller. – Frankfurt: Angkor Verlag, 2002.

Bibliografische Information der Deutschen Bibliothek

Die Deutsche Bibliothek verzeichnet diese Publikation in der Deutschen Nationalbibliografie; detaillierte bibliografische Daten sind im Internet über http://dnb.ddb.de abrufbar.

© engl. Ausgabe: Tsunetomo Yamamoto: *The Hagakure – A Code to the Way of the Samurai.* Transl. by Takao Mukoh. The Hokuseido Press, 32-4 Honkomagome 3-chome, Bunkyo-ku, Tokyo, Japan. ISBN 4-590-00627-8.

Diese Ausgabe ist in Lizenz auch in Deutschland unter der ISBN 3-8311-1530-3 für Euro 15,- erhältlich. Dank an Mr. Honjo für die unproblematischen Verhandlungen bzgl. der Rechte.

© dt. Gesamtausgabe: Angkor Verlag, Frankfurt 2002

Das Logo auf dem Umschlag stammt aus *Japanese Design Motifs: 4260 Illustrations of Heraldic Crests, Dover Publications Inc. 1972 (originally publ. in Japan 1913)* und wurde farblich bearbeitet.

Schlussredaktion: Stephan Gütersloh
Verlagslogo: Yumi Machiguchi, Mainz
Website: www.angkor-verlag.de
email: verlag@angkor.de

Herstellung: Books on Demand GmbH
ISBN: 3-936018-03-0

Inhalt

Vorwort des Übersetzers

Nach dem Bundesstart von Jim Jarmuschs Film *Ghost Dog* entwickelte sich im Jahr 2000 innerhalb von wenigen Wochen ein literarischer Klassiker aus dem Japan des 18. Jahrhunderts zum Bestseller: Das *Hagakure*. In diesem Werk eines ehemaligen Samurai, der zum Zen-Mönch wurde und in seiner Klause einem Freund die folgenden Erkenntnisse diktierte, vereinigen sich die konfuzianische und buddhistische Weisheit des feudalen Kriegers. Überraschend poetisch, inspirierend, aktuell, griffig, amüsant, tief und nicht ohne ein Quentchen Mystik, zumindest aber einen doppelten Boden, hat das *Hagakure* – hierzulande meist als „Der Weg des Samurai" ausgegeben – nun seinen Siegeszug um die Welt angetreten. Denn tatsächlich wird es nicht nur von männlichen Kampfsportlern, Strategieexperten und Unternehmern verschlungen, vielmehr sind es gerade Frauen, die offenbar vom Autor Tsunetomo, auch Jôchô genannt, ein geradezu klassisches Rollenverständnis auf faszinierende Weise schmackhaft gemacht sehen. Das *Hagakure* rückt nämlich, so mein Eindruck, nicht zuletzt die Verhältnisse zwischen den Geschlechtern und Generationen gerade. So lautete bezüglich der von mir unter Zeitdruck auf den Markt geworfenen Taschenbuchausgabe die häufigste Frage: Was sagt uns das *Hagakure* denn heute noch? Folglich habe ich für diese Hardcover-Ausgabe, die ausnahmsweise mal *nach* dem Taschenbuch erscheint, ein Viertel der Texte aus dem Paperback weggelassen, genau jene nämlich, die den Dienst eines Gefolgsmannes für den Fürsten beschreiben – außer für Angestellte in Japan ein kaum noch übertragbares Sich-Unterordnen, das glücklicherweise in unserer Arbeitswelt längst aufgebrochen wurde. Die anderen Texte wurden überarbeitet.

Weiter baten mich die Filmliebhaber, zu denen ich mich auch zählen darf, um eine gesonderte Auflistung der Zitate aus dem *Hagakure,* die in *Ghost Dog* zu sehen und zu hören waren. Obwohl fast alle in ähnlicher Form sich bereits im Taschenbuch fanden, erkannten die Leser sie nicht unbedingt wieder. Ferner bat man mich, noch mehr interessante Textstellen zu finden, denn das japanische Original ist ja etwa zehn Mal so umfangreich wie dieses Buch. Und um zu zeigen, wie alt die ethische Tradition der Krieger ist, werden einige (hier bisher unbekannte) Unterweisungen anderer Samurai und heroische Geschichten um Tapferkeit und Mut vorgestellt. Alles im Geiste des *Bushidô* und des Zen ...

Zitate aus dem Film Ghost Dog

Der Weg des Samurai findet sich im Tod. Meditiere täglich über den unvermeidbaren Tod. Jeden Tag – sobald Körper und Geist befriedet sind – meditiere man darüber, von Pfeilen und Schwertern zerrissen zu werden, von wogenden Wellen davongetragen, mitten in ein großes Feuer geworfen, vom Blitz erschlagen, vom Erdboden zu Tode geschüttelt zu werden, von hohen Klippen zu stürzen, durch Krankheit zu sterben oder *seppuku* zu begehen beim Tode seines Herrn. Und jeden Tag fasse man ganz bestimmt seinen Tod ins Auge. So beschaffen ist der Weg des Samurai.

Es ist nicht gut, wenn aus einer Sache zwei werden. Man suche nie noch anderes auf dem Weg des Samurai. Das gilt auch für alles andere, was sich *Weg* nennt. Begreift man die Dinge in dieser Weise, kann man von allen Wegen hören und mehr und mehr im Einklang mit dem eigenen sein.

Müsste man in einem Satz beschreiben, was das Dasein eines Samurai ausmacht, wäre dies zuallererst absolute Hingabe von Körper und Seele an seinen Herrn. Der Herr ist elementar für den Gefolgsmann.

Es ist ein guter Standpunkt, die Welt als Traum zu betrachten. Hat man so etwas wie einen Albtraum, wacht man auf und sagt sich, es war nur ein Traum. Es heißt, dass sich unsere Welt davon kein bisschen unterscheidet.

Unter den Grundsätzen an Naoshiges Wand stand dieser: „Dinge von großer Bedeutung sollte man leicht angehen." Ittei ergänzte: „Dinge von geringer Bedeutung sollte man ernst angehen."

Einem der Ältesten zufolge, nimmt man sich den Feind auf dem Feld wie der Falke sich den Vogel nimmt. Obgleich er sich inmitten Tausender von ihnen begibt, richtet sich seine ganze Aufmerksamkeit auf den zuerst Gewählten.

Den Äußerungen der Alten nach sollte man seine Entscheidungen innerhalb von sieben Atemzügen treffen. In dieser Beschränkung entsteht der Geist, zur anderen Seite durchzustoßen.

Sogar wenn ein Samurai plötzlich enthauptet wird, sollte er noch fähig sein, eine Handlung mit Bestimmtheit auszuführen. Wird er gleich einem rachsüchtigen Geist und zeigt große Zielstrebigkeit, so wird er trotz des abgeschnittenen Hauptes nicht sterben.

Es ist nützlich, etwas Rouge im Ärmel mitzuführen. Es kann passieren, dass – wenn man nüchtern wird oder aufwacht – das Aussehen eines Samurai traurig ist. In solchen Zeiten ist es nützlich, etwas Rouge zu nehmen und aufzutragen.

Hat man sich entschieden, einen Menschen zu töten – und mag es noch so schwierig sein, es auf direktem Wege zu vollbringen –, so wird es nichts nützen, einen langen Umweg ins Auge zu fassen. Der Weg eines Samurai ist ein direkter, und es ist das Beste, sich kopfüber hineinzustürzen.

Unser Körper erhält Leben aus der Mitte des Nichts. Existieren, wo Nichts ist, das bedeutet der Satz: „Form ist Leere." Dass alle Dinge aus dem Nichts versorgt werden, bedeutet der Satz: „Leere ist Form." Man sollte nicht glauben, dass dies zwei getrennte Dinge seien.

Es gibt gewiss nichts anderes als die Absicht des Augenblicks. Das ganze Menschenleben ist eine Folge von Augenblick auf Augenblick. Begreift man vollständig den gegenwärtigen Augenblick, gibt es nichts mehr zu tun und nichts mehr anzustreben.

Von einem heftigen Regen kann man etwas lernen. Triffst du auf einen plötzlichen Schauer, willst du nicht nass werden und rennst schnell die Straße entlang. Und während du etwa unterm Dachgesims entlang eilst, wirst du doch nass. Bist du von Anbeginn entschlossen, wirst du nicht verblüfft sein, obwohl du genau so durchnässt sein wirst. Dieses Verständnis erstreckt sich auf alle Dinge.

Es heißt, dass man zu dem, was man „Geist einer Epoche" nennt, nicht zurückkehren kann. Dass dieser Geist sich zerstreut, liegt an der Endlichkeit der Welt. Aus diesem Grunde ... auch wenn man heute den Geist von vor hundert Jahren und mehr wollte, geht es nicht. Folglich ist es wichtig, aus jeder Generation das Beste zu machen.

In der Region von Kamigata hat man eine Art stapelbare Butterbrotdose, die man an einem einzigen Tag, beim Blumenspaziergang, benutzt. Nach der Rückkehr wird sie weggeworfen und zertrampelt. Die Endlichkeit aller Dinge ist das Wichtigste.

Der Weg des Samurai

Wir trafen uns am 5. März des siebten Jahres von Hoei.

ERKENNE DIE BEDEUTUNG VON *BUSHIDÔ*

Ich habe herausgefunden: *Bushidô*, der Weg des Kriegers, liegt im Sterben. Wird man mit den zwei Alternativen Leben und Tod konfrontiert, so soll man ohne Zögern den Tod wählen. Das ist nicht schwer; man muss nur fest entschlossen dieses Ziel verfolgen.

Wenn einige behaupten: „Ein Tod ist sinnlos, wenn man nicht seine Bestimmung erlangt hat", so ist das die berechnende Art zu denken, die dem eitlen, verstädterten *Bushidô* entspringt. Zwischen zwei Alternativen eingezwängt, kann man nur schwer die richtige wählen. Um sicher zu gehen, zieht jeder das Leben gegenüber dem Tod vor; man versucht, sich von der Vernunft des eigenen Überlebens zu überzeugen. Doch wenn man überlebt, ohne ein gerechtes Ende erlangt zu haben, ist man ein Feigling. Hierin liegt der entscheidende Punkt.

Solange jemand umgekehrt den Tod wählt, ohne sein Ziel erreicht zu haben, ist sein Tod frei von Schande, auch wenn andere ihn sinnlos oder wahnsinnig nennen mögen. Das ist die Essenz des *Bushidô*. Wenn jemand sich jeden Morgen und jeden Abend auf den Tod vorbereitet und ihn jeden Augenblick erwartet, wird *Bushidô* zu seinem eigenen Weg.

WIRF UNBEDEUTENDE SUBJEKTIVITÄT WEG

Manche Menschen können sich von Natur aus auf ihr Talent für spontane Entscheidungen verlassen; andere müssen sich im Bett hart den Kopf zerbrechen, um zu einer endgültigen Lösung zu gelangen.

Jedermann wird mit einem unterschiedlichen Maß an Weisheit geboren. Man entdeckt Weisheit in sich, von der man nicht einmal träumte, wenn man nur klar über das eigene Ego nachdenkt und aufgrund der *Vier Gelübde* handelt. Auch wenn jeder gern glaubt, eine Lösung für schwierigste Probleme durch ernsthaftes Nachdenken entwickeln zu können, führt ein Werten, das sich aufs eigene Ego gründet, zu nichts als bösen und nutzlosen Ideen, wie angestrengt man auch nachdenken mag. Wir beschränkten Menschen können nur selten unsere subjektive Art des Betrachtens abstellen.

Wenn jemand einem ernsthaften Problem gegenübersteht, muss er es erst einmal ein Weilchen zur Seite legen, sich auf die Grundlagen besinnen, die in den *Vier Gelübden* zitiert werden, und frei von seinem Ego entscheiden. So wappnet er sich gegen ernste Fehlurteile.

ERKENNE DIE GRENZE DER EIGENEN WEISHEIT

Man ist geneigt, angestrengt zu versuchen, jede Situation mit dem bisschen Weisheit, das man hat, zu beurteilen und so mit ihr klarzukommen. Das gebiert böse, egozentrische Gedanken gegen die Vorsehung und wandelt sich in Laster.

In den Augen eines Außenstehenden ist solche Weisheit schmutzig, kläglich und von enger Sichtweise. Nicht zuletzt ist sie auch zu dumpf, um spontanes Handeln zuzulassen. Wenn einem keine wichtige Idee in den Sinn kommt, sollte man besser einen Weisen um Rat fragen. Der Weise, den die Angelegenheit nicht selbst betrifft, kann uneigennützig und offen über den Fall urteilen. Ein solches Urteil, fest und überzeugend, beeindruckt Dritte und kann mit einem riesigen Baum verglichen werden, der von vielen starken Wurzeln genährt wird, während ein Urteil, das aus begrenzter Weisheit entsteht, einem einsamen Baum in der öden Leere eines weiten Feldes gleicht.

EIN MANN, DER IM EINKLANG
MIT SEINEM FÜRSTEN IST

Sagara Kyuma, ein Gegner von Tausenden, hatte schon lange sein Leben aufgegeben. Sein Herz befand sich im Einklang mit dem seines Fürsten Mitsushige. Einmal hielt Prinz Sakyo, der den Fürsten nicht leiden konnte, ein geheimes Treffen auf seinem Gut ab, wo man entschied, Kyuma zum Tod durch *seppuku* zu zwingen, wodurch Fürst Mitsushige den Minister verloren hätte, dem er am meisten vertraute. Kyuma bekam davon Wind, mietete ein dreistöckiges Teehaus auf dem Anwesen von Taku Inu, versammelte eine Schar von Rabauken um sich und veranstaltete ein lärmendes Puppentheaterstück. Kyuma führte die Puppen gar selbst. Das ausgelassene Trinkgelage in der Nähe von Prinz Sakyos Anwesen dauerte Tage und Nächte an. Kyumas Absicht hinter diesem ungebührlichen Benehmen war, sich selbst so in Misskredit zu bringen und damit seinen Fürsten zu entehren, dass er sich würdevoll dem geplanten *seppuku* aussetzen konnte.

SEI VORSICHTIG MIT VORHALTUNGEN GEGENÜBER ANDEREN

Anderen Vorwürfe zu machen, um ihre Verfehlungen zu korrigieren, ist als Ausdruck von großer Gnade und Mitleid einer der wichtigsten Dienste, die von einem Gefolgsmann erwartet werden und erfordert ein extremes Maß an Taktgefühl. Es ist einfach, das Gute und Böse in einem anderen herauszufinden; gleichermaßen ist es einfach, ihn für seine Verfehlungen zu kritisieren. Viele Menschen halten es für angebracht, anderen offen Ratschläge zu erteilen und geben auf, wenn die Ratschläge nicht angenommen werden. Das nutzt niemandem, weil andere so nur der Scham und dem Gesichtsverlust ausgesetzt werden. Es beruhigt lediglich den Geist des Ratgebers.

Bevor man einem anderen Rat erteilt, muss man zuerst feststellen, ob der andere sich in geeigneter Verfassung befindet, also einen für Belehrung offenen Geist besitzt, und dann so familiär mit ihm werden, dass er dem Ratgebenden vertraut. Man muss hin und wieder die Aufmerksamkeit des anderen erregen, indem man auf seine Neigungen und andere Dinge, die ihn interessieren, eingeht. Sorgsam die beste Zeit und Methode auswählend, muss man die beabsichtigte Belehrung dem anderen wie beiläufig selbst dämmern lassen, ohne direkt zu belehren; in Form von gelegentlichen Briefen, Abschiedsbesuchen oder diskretem Gespräch über die eigenen Mängel und Schnitzer kann dies gelingen.

Wahres Belehren liegt darin, das Gegenüber die Ermahnung ganz natürlich schlucken zu lassen, wie eine durstige Kehle Wasser aufnimmt. Der andere Mensch erlebt eine Befreiung von seinen Verfehlungen, nachdem man ihn durch Loben seiner Stärken zuerst aufgebaut hat. Belehren ist eine schwierige Aufgabe. Ich weiß aus eigener Erfahrung, dass Fehler, die normalerweise langlebig sind, nicht auf üblichem Wege wettgemacht werden können. Wahre, große Gnade und Mitleid offenbaren sich, wenn sich Gefolgsleute eines Clans untereinander in Brüderschaft zusammentun, ihre Schwachpunkte gegenseitig korrigieren und sich anstrengen, ihrem Fürsten in Eintracht zu dienen. Wie kann jemand dieses letztgültige Ziel erreichen, wenn er andere bloß der Scham aussetzt?

UNTERDRÜCKE EIN GÄHNEN

In der Gegenwart von anderen zu gähnen ist ungebührlich. Bei einem unerwarteten Gähnen reibe deine Stirn mit der Hand von unten nach oben, was normalerweise genügt, um ein Gähnen zu unterdrücken. Wenn das nicht funktioniert, verberge das Gähnen vor anderen, indem du die fest geschlossenen Lippen mit deiner Zungenspitze leckst und dein Gähnen hinter dem Ärmel oder deiner Hand verbirgst. Das gleiche gilt fürs Niesen. Gähnen und Niesen lassen dich meist närrisch aussehen. Es gibt noch viele andere Dinge, auf die du achten musst, um dich richtig zu benehmen.

SEI EIN AUFMERKSAMER GAST

Es ist ratsam, zu überlegen und zu notieren, was man am nächsten Tag erledigen muss. Der Fürst würde sicher den Mann genau studieren, den er am nächsten Tag besuchen will, angemessene Begrüßungen und Gesprächsthemen auswählen usw. Wenn man seinen Fürsten bei einem Besuch begleitet oder allein zu einem Gespräch geht, sollte man im Voraus genau über den Gastgeber nachdenken, um Beleidigungen während des Besuchs zu vermeiden. Das ist der Weg zur Harmonie zwischen Menschen und zu sozialer Höflichkeit.

Wird jemand von einem hoch stehenden Mann oder einem ähnlichen Würdenträger eingeladen, kann er keine gute Gesellschaft sein, wenn er sich vor dem Besuch sehr angespannt fühlt; der rechte Weg ist, für die Gelegenheit aufrichtig dankbar zu sein und mit großer Freude die kommende Begegnung zu erwarten.

Grundsätzlich sollte man nicht uneingeladen Besuche abstatten, wenn es nicht unumgänglich ist. Wenn umgekehrt jemand eingeladen wird, kann er so lange kein echter Gast sein, bis sein Benehmen den Gastgeber davon überzeugt, dass er ein zufriedenstellender, aufmerksamer Besucher ist.

Es ist für einen Gast sehr wichtig, sich auf einen Besuch vorzubereiten, indem er sich vorher die geplante Gesellschaft bildlich vorstellt. Bei einem Trinkgelage oder ähnlichem ist es am wichtigsten, zu bedenken, wann man sich entschuldigen und entfernen darf. Ich möchte Menschen nicht gelangweilt zu spät gehen sehen, jedoch auch nicht zu früh, womit sie ein vergnügliches Treffen vereiteln könnten. Normalerweise ist zuviel Zurückhaltung unangemessen, wenn man zu einem Abendessen eingeladen wird. Nachdem der Gastgeber ein- oder zweimal das Essen angeboten hat, sollte man besser dessen Freundlichkeit annehmen.[*]

DIE LETZTE BEDEUTUNG DER *VIER GELÜBDE*

Indem man schwört, „nie hinter den anderen auf dem Weg des Kriegers *(Bushidô)* zurückzubleiben", entscheidet man sich auch, seine militärische Tapferkeit allen Menschen auf der Erde bekannt zu machen. „Sich dem Fürsten nützlich machen" heißt, den Fürsten hinsichtlich einer besseren Verwaltung des Clans zu belehren, nachdem man zum Berater befördert worden ist. Die „Sohnespflichten" gehen mit der Treue gegenüber dem eigenen Fürsten einher; sie sind von der gleichen Natur. „Für das Gute der anderen zu arbeiten" bedeutet, sich darum zu bemühen, dass alle anderen Männer nützliche Gefolgsleute ihres Fürsten werden.

SEI AUF JEDE SITUATION VORBEREITET

Militärische Taktik und Strategie werden von fähigen und unfähigen Männern bestimmt. Erstere sind nicht nur durch Erfahrung weise, sondern auch bereit, jedes Problem im entscheidenden Augenblick auf bewundernswerte Art zu lösen; sie werden von ihrem einstigen Studium verschiedener Maßstäbe für eine Vielzahl von Umständen geleitet. Es sind Männer, die auf jede Situation vorbereitet sind. Dagegen beschäftigen sich die anderen nicht schon im Voraus mit den Möglichkeiten. Wenn sie mal ein Problem lösen, ist das nichts als ein glücklicher Zufall.

---

[*] Heute noch wird es in Japan als angemessene Form der Zurückhaltung angesehen, erst ein-, zweimal die angebotene Speise abzulehnen; dann wird natürlich vom Gast erwartet, dass er sie isst.

Der korrekte Umgang mit der Trinkerei

Man kann nicht vorsichtig genug mit seinem Verhalten auf Feiern sein. Wie ich auf verschiedenen Festen beobachten konnte, beugen sich die meisten Männer über nichts anderes als ihre Getränke. Trinkt jemand dann, wenn er es tun sollte, ist es erlaubt. Zu jeder anderen Zeit sieht er schmachvoll und plump aus, und seine täglichen geistigen Gewohnheiten und sogar sein wahrer Charakter offenbaren sich. Sei dir klar darüber, dass ein Fest eine öffentliche Funktion hat.

Immer nur integer sein macht einsam

Ein gewisser alter Gefolgsmann predigte extreme Genügsamkeit in allen Bereichen des Lebens. Eine alte Weisheit lautet jedoch: „Ein zu klarer Strom wird von Fischen gemieden." Fische können überleben und aufwachsen, indem sie sich unter Wasserlinsen oder anderen Objekten im Wasser verstecken. Nur wenn ein Vorgesetzter über die kleinen Mängel seiner Männer hinwegsieht, können sie in friedvollem Geist leben.

Zuerst kommt die Vitalität

Als ich Yasaburo ein Gedicht auf eine rechteckige Karte schreiben ließ, sprach ich über die Vitalität in der Kalligraphie mit den folgenden Worten: „Stell dir vor, du würdest nur ein Wort über die gesamte Karte schreiben, als würdest du die Karte mit deinem Pinsel zerreißen. Ob deine Kalligraphie vorzeigbar wird oder nicht, hängt von deiner Energie ab. Alles, was von einem Samurai verlangt wird, ist, dass er sich voller Lebensenergie und nicht müde und nachlässig fühlt."

Verweiblichte Männer

Der Arzt Matsukumamae-no Kyoan soll gesagt haben: „In der Medizin werden Männer und Frauen auf unterschiedliche Weise in positiv und negativ eingeteilt; auch der Puls eines Mannes ist verschieden von dem einer Frau. In den vergangenen 50 Jahren jedoch verschwand dieser Unterschied zwischen den Pulsen. Von diesem phänomenalen Wandel wachgerüttelt, begann ich, Augenkrankheiten der Männer wie solche von Frauen zu behandeln. Weil ich keine erfolgreiche Prognose bei männlichen Patienten stellen konnte, die ich mit Medizin für Männer behandelte, wurde mir klar, dass sie ihren männlichen Geist verloren hatten und in diesen verkommenen Tagen verweiblicht waren. Diese Tatsache behielt ich wie ein Geheimnis für mich."

Also haben die meisten Männer heutzutage nachweislich einen weiblichen Puls; nur wenige Männer schauen wirklich männlich aus. Das macht es für wirkliche Männer leicht, mit nur geringer Anstrengung den anderen vorauszueilen.

Der Verlust männlichen Mutes wird auch an der Tatsache klar, dass Männer einen Kriminellen, dessen Hände auf dem Rücken zusammengebunden sind, nicht mehr köpfen können. Wenn es für einen Sekundanten desjenigen, der *seppuku* begeht, zum heiligen Dienst des *kaishaku** kommt, gilt es heute als weise und angemessen, diesen Dienst trickreich zu verweigern. Vor 40 oder 50 Jahren wurde ein Schnitt in den Oberschenkel als Einstieg ins Männerdasein betrachtet. Ein Mann schämte sich, seine Rippen anderen zu zeigen, wenn sie keine Schnittnarbe hatten, und zwar so sehr, dass manche Männer sich diese Schnittwunden selbst zufügten. All diese Dinge wurden für tapfer gehalten, während Männer heutzutage dazu neigen, sie als Ausdruck von Dummheit zu verurteilen, Angelegenheiten nur mit sanfter Zunge zu verhandeln und jede harte Anforderung zu meiden. Junge Menschen sollten diese unglückliche Entwicklung sorgsam bedenken.

MEIN KURZER DIENST

Während es sechzig- und siebzigjährige Gefolgsleute im aktiven Dienst gibt, habe ich im Alter von zweiundvierzig Jahren den religiösen Dienst aufgenommen. Mein Gefolgsdienst war, wenn ich zurückschaue, von kurzer Dauer. Doch ich kann nur voller Dankbarkeit an ihn denken.

---

* *kaishaku-nin* heißt der Dienst des Sekundanten beim *seppuku*, das als *harakiri* bekannter ist. Um den Samurai von langen Todesqualen zu befreien, schlägt der Sekundant ihm den Kopf ab. Meist wurde ein Freund oder Verwandter des Samurai um diesen Dienst gebeten.

Als ich buddhistischer Mönch wurde, hielt ich mich für einen, der bereits die Welt verlassen hatte. Wenn ich genau darüber nachdenke, hätte mich sicher ein Berg voller Sorgen gequält, wenn ich bis heute im aktiven Dienst gestanden hätte. Mein extremes Glück war von Dauer und die letzten vierzehn Jahre sorgenfrei und friedvoll. Mehr noch, mein Gefolgsdienst wurde erst möglich durch die Gefälligkeiten von Menschen, die mich für einen vertrauenswürdigen Mann hielten. Es ist nicht weniger als ein Wunder, dass ich meine niedere Natur so lange verborgen halten konnte. Die gütige Freundlichkeit meiner Mitstreiter, die größer war, als ich sie verdiente, macht mir Gewissensbisse.

Die Tugend der Konzentration

Priester Tannen erzählte mir: „Man wird normalerweise belehrt, sich durch und durch von allen Ideen und Gedanken für die Erleuchtung freizumachen, ohne diese selbst zu verstehen; die Tugend der Konzentration mit reinem Herzen steht mit der Tugend der Freiheit von allen Ideen und Gedanken in Verbindung." Das ist wahrhaft treffend formuliert. Fürst Sanenori zeigte mir, dass der Weg der Wahrheit sich selbst offenbart, wenn man seinen Geist wenigstens einen Atemzug lang frei vom Bösen hält. Die Ideen dieser beiden Männer weisen auf ein und dasselbe hin, werden jedoch leider nur von wenigen Menschen geschätzt. Um einfach und rein zu werden, muss man beharrlich üben.

Zuschauer sehen mehr als Spieler

Angetrieben von der Abneigung gegen Ungerechtigkeit Gerechtigkeit zu erreichen, ist schwer. Die Gerechtigkeit immer wieder gemäß des eigenen Glaubens an sie zu suchen, führt einen Menschen häufig zu groben Fehlern, weil Wahrheit weit jenseits des Armes der Justiz liegt und nur schwer zu finden ist, es sei denn, jemand ist mit höchster Weisheit ausgestattet.

Wenn jemand Wahrheit nicht selbst finden kann, gibt es noch einen Weg dorthin: andere um Rat zu fragen. Selbst ein Mann, der niemals hoffen kann, Wahrheit zu erlangen, kann sehr wohl die Angelegenheiten eines anderen analysieren, so wie oft vom Zuschauen beim *Go*-Spiel gesagt wird: „Zuschauer sehen mehr als Spieler." Obwohl ein Sprichwort lautet: „Denke immer wieder allein nach, um zu erkennen, dass du dich irrst", kann eine schwierige Angelegenheit am besten gehandhabt werden, indem man andere um Rat fragt. Durch Zuhören und durch Lesen zu lernen bedeutet, den Gedanken weiser alter Männer zu folgen.

Kein Ende der lebenslangen Übung

Ein bekannter Schwertkämpfer legte in hohem Alter seine Sichtweise folgendermaßen dar: „Lebenslange Übung hat ihre verschiedenen Stufen. Die Untalentierten werden nirgendwo hingelangen, welcher Übung auch immer sie ihren Geist unterziehen; ihr Können erscheint sowohl anderen als auch ihnen selbst als armselig, ihre Fähigkeit kann überhaupt keinem Nutzen zugeführt werden. Auf der nächsten Stufe stehen die wenig Talentierten, die nicht recht zu gebrauchen und mit ihren dürftigen Leistungen unzufrieden sind, doch auch die ungeschickten Taten der anderen erkennen. Die Talentierten hingegen, deren Fähigkeiten nutzbar sind und die jede Unze der Kunst zu ihrer eigenen machen können, sind stolz auf ihr Können und verärgert über die unvollständigen Fertigkeiten der anderen.

Die über den Talentierten Stehenden täuschen Ignoranz vor, dennoch können andere Menschen deren wahre Fähigkeiten erwerben. So weit kann ein Mensch also normalerweise beim Ausüben irgendeiner Kunst kommen. Weit jenseits dieser Stufe liegt die höchste Ebene, auf der man die allerletzte Sphäre einer Kunst erklimmt. Einmal dort angelangt, erkennt man im immerwährenden Wissen um das eigene, unvollkommene Können, dass für das Ausüben einer Kunst kein Ende existiert. So lebt der Meister sein Leben: sich seiner Unvollkommenheit bewusst, niemals mit seinen Fähigkeiten zufrieden – selbst an seinem allerletzten Tag nicht –, weder eingebildet noch herablassend.

Yagyu sagte: ‚Ich weiß nicht, wie ich andere besiegen kann; ich weiß nur, wie ich mich selbst bezwingen kann.' Lebenslange Übung kennt kein Ende; man muss sich nach jedem Übungstag verbessert finden und Vollkommenheit auf seinem gesamten Lebensweg anstreben."

DINGE VON GROSSER BEDEUTUNG
SOLLTEN GELASSEN ANGEGANGEN WERDEN

Eine Regel, die von Fürst Naoshige im *Schreiben an der Mauer* hinterlassen wurde, liest sich so: „Dinge von großer Bedeutung sollten gelassen angegangen werden." Ittei ergänzte: „Dinge von geringer Bedeutung sollten ernsthaft angegangen werden."

Angelegenheiten von großer Bedeutung darf es täglich nur so wenige geben, wie nach Antworten darauf gesucht werden kann. Diese Regel scheint mir zu raten, Entscheidungen bei ernsten Angelegenheiten im Voraus wohl zu formulieren und schließlich leicht den Entschluss zu fassen, wenn man der Sache dann gegenübersteht. Wenn andererseits jemand nicht täglich Entscheidungen fällt, kann sein Entschluss kaum im entscheidenden Augenblick gelingen. Ich denke also, täglich geübte Entschlusskraft ist die Voraussetzung der Regel: „Dinge von großer Bedeutung sollten gelassen angegangen werden."

ACHTE DIE WEGE DER PROVINZ SAGA

Ein Gefolgsmann, der eine Amtsdauer von mehreren Jahren in Osaka beendet hatte, kam nach Hause zurück, wo er der Verwaltungsbehörde im Dialekt von Osaka Bericht erstattete. Das enttäuschte die anderen, die ihn zur Zielscheibe ihres Spottes machten. Wenn man lange Zeit in Edo oder Osaka dient, sollte man seinen Heimatdialekt sogar häufiger als nötig benutzen. Wenn man nämlich eine Weile in jenen Städten bleibt, wird man ganz natürlich von ihrem Geist beeinflusst und betrachtet fortan leicht jeden Brauch in der eigenen Heimat herablassend als provinziell, während man zu allem in der Großstadt neidvoll aufblickt, wenn es nur ein ganz klein wenig vernünftig erscheint. Das ist ein lächerliches Gebaren.

Wegen des rustikalen und unverbildeten Charakters der Dinge in unserem Lehnswesen müssen diese hochgeschätzt werden. Die typische Art eines anderen Ortes zu suchen, endet schließlich in Nachahmung. Als ein Mann seine Abneigung gegen die *Hokke*-Sekte[*] äußerte, die er

---

[*] Name für die Nichiren-Sekte, 1253 von Nichiren gegründet, der alle anderen Sekten verdammte und das *Lotus-Sutra* für *das* Mittel hielt, Nirvana zu erlangen.

für zu eingeschränkt in ihren Lehren hielt, antwortete der Priester Shungaku: „Die *Hokke*-Sekte kann ihre Identität aus ihrer Sturheit beziehen. Ohne diese Sturheit gäbe es zwischen ihr und anderen Sekten keinen Unterschied." Seine Antwort war vernünftig.

EINEM MANN, DER NIE EINEN FEHLER MACHT, KANN MAN NICHT TRAUEN

Einmal wurde bei einer Versammlung die mögliche Beförderung eines bestimmten Gefolgsmannes erwogen. Die Mitglieder wollten die vorgeschlagene Beförderung wegen der früheren Trunksucht des Mannes einstimmig ablehnen, als einer zu bedenken gab: „Wenn ein Mann nach einem früheren Fehltritt nicht mehr in Erwägung gezogen wird, erstickt das talentierte Männer im Keim. Ein Mann, der einmal versagt hat, bereut seinen Fehler, handelt fortan diskret und ist stets bereit, dem Lehnswesen zu nutzen. Diesem Mann sollte deshalb eine angemessene Beförderung zuteil werden. Ich glaube an seinen verlässlichen Dienst, gerade weil er einmal versagt hat. Auf der anderen Seite ist ein Mann, der noch nie einen Fehler gemacht hat, in meinen Augen riskant." Also wurde jener Gefolgsmann auf einen höheren Posten versetzt.

WIE MAN IN EINEM STRASSENKAMPF KÄMPFT

Ein Samurai wurde einmal in einen Kampf gezwungen, nahm aber an der gegnerischen Seite keine Rache und erregte so die Verachtung derjenigen, die das als Schande ansahen. Um die Angelegenheiten mit einem Feind in Ordnung zu bringen, muss man nur in den Feind hineinpreschen und getötet werden. So ist der eigene Tod frei von Schande.

Neigt jemand dazu, nur an das Gewinnen eines Duells zu denken, versäumt er den rechten Moment fürs Handeln. Menschen verzichten auf Vergeltung mit der Entschuldigung, sie seien in Unterzahl, und verschwenden nur wertvolle Zeit, bis sie schließlich davon reden, ganz von Rache abzusehen. Jemand sollte seinen Feinden gegenübertreten, fest entschlossen, ein Dutzend nach dem anderen zu schlachten, wie viele tausend Feinde da auch sein mögen. Das befähigt ihn, seinen Wunsch nach Rache zu erfüllen – und in den meisten Fällen wird er selbst der Sieger sein.

Die herrenlosen Samurai des Asano-Clans waren im Irrtum, weil sie nach dem nächtlichen Überfall keinen Selbstmord im Sengakuji-Tempel begingen.[*] Außerdem dauerte es zu lange, bis sie schließlich ihren Herrn gerächt hatten. Ihre Absichten wären sinnlos gewesen, wenn Kira Yoshinaka, ihr Opfer, während des langen Wartens an einer Krankheit gestorben wäre. Städter sind gerissen und wissen, wie sie angeben müssen, um gelobt zu werden, während sie doch ihre kleingeistige Klugheit genauso wenig abschütteln können wie die Männer des Nagasaki-Streites.[**]

... Anderen zuzuhören und Bücher zu Rate zu ziehen heißt, sich auf den entscheidenden Moment vorzubereiten, der jederzeit kommen kann. Durch das Üben des *Bushidô* sollte man Tag und Nacht auf alles vorbereitet sein, sich des stets unsicheren Lebens bewusst und darüber nachdenkend, welche Handlung in welcher Form im entscheidenden Moment angebracht ist. Zufall spielt in einem Duell eine Rolle; der Weg, sich vor Schande und Schmerz in einem Duell zu bewahren, steht auf einem anderen Blatt als die bloße Frage von Sieg oder Niederlage – ersterer verlangt nur den Entschluss, niemals vor dem Tod zu fliehen. Wenn jemand besiegt wird, sollte er an Ort und Stelle unmittelbar zurückschlagen, um mit seinem Feind quitt zu sein. Das erfordert weder Hirn noch Technik. Ein Mann von großer Tapferkeit denkt nicht an das Ende eines Kampfes; er stürzt sich leidenschaftlich in den Rachen des Todes, wobei sein wahres Selbst sich in seiner Geisteshaltung offenbart.

---

[*] Im Jahre 1701 schnitt der Fürst der Provinz Ako, Asano Naganori, dem höchsten Protokolloffizier des Shogunats, Kira Yoshinaka, in die Stirn, weil Yoshinaka Gesandte des Herrschers beleidigt hatte. Obwohl beide hätten bestraft werden müssen, wurde nur Naganori vom Shogunat zum Tode verurteilt und sein Clan aufgelöst. 47 frühere Gefolgsleute Naganoris schmiedeten zwei Jahre lang Pläne, wie sie Kira Yoshinaka töten könnten. Ende des Jahres 1702 drangen sie dann in sein Haus ein und brachten ihn endlich um. Daraufhin eilten sie zum Sengakuji-Tempel, um am Grab des Fürsten Bericht zu erstatten, und stellten sich dann den Behörden. Sie wurden zum Tode durch *seppuku* verurteilt und als wahrhaft treue Gefolgsleute weithin bekannt. Ein *Kabuki*-Stück namens *Kanatehon Chushingura* erzählt von ihren Taten und gehört zu den beliebtesten seiner Art.
[**] Dieser Streit geschah im Jahre 1700. Zwei Gefolgsleute des Hauses von Fukabori Nabeshima und ein Fußsoldat eines Stadtrates von Nagasaki gerieten aneinander. Der geschlagene Fußsoldat drang in der gleichen Nacht mit zehn Kumpanen in das Gut von Nabeshima ein, wo sie die beiden Kontrahenten tüchtig vermöbelten. Diese wiederum brachen am nächsten Morgen mit zehn Männern in die Gemächer des Stadtrates ein und töteten ihn, den Fußsoldaten und andere. Dann begingen die beiden Gefolgsleute befriedigt an Ort und Stelle *seppuku*. Ihre zehn Gehilfen wurden später zu *seppuku* verurteilt.

HALTE DICH NICHT FÜR ETABLIERT

Ein Mann, der denkt, er sei schon etabliert, ist unklug; ein Mann, der mit festgefahrenen Ansichten zufrieden ist, die er durch erhebliche Anstrengung gewann, ist bereits in eine Falle getreten. Beide Männer sollten vielmehr zuerst danach streben, eine grundlegende Einstellung gegenüber Fertigkeiten zu erlangen und lebenslange Bemühungen in Richtung auf das letzte Ziel zu unternehmen. Ohne einen Augenblick der Selbstzufriedenheit mit dem bisschen, was man herausgefunden hat, sollte man seine erreichten Ergebnisse immer noch für unbefriedigend und nicht gut genug halten und den rechten Weg zur Meisterschaft das ganze Leben lang erforschen. Die Wahrheit liegt nirgendwo sonst als auf diesem Weg des Bemühens selbst.

GEDANKEN MEINES VATERS

Hier sind ein paar Dinge, die mein Vater Yamamoto Jin'uemon sagte oder tat:

1. „Wenn jemand *einen* Grund verstanden hat, werden sich viele weitere vor seinen Augen auftun."

2. „Ein Mann mit einem affektierten Lächeln ist gewöhnlich und feige."

3. „Ob du bei einem offiziellen Anlass sprichst oder bei einer gewöhnlichen Gelegenheit, schau dem Zuhörer stets direkt in die Augen. Eine höfliche Verneigung am Anfang reicht; mit gesenkten Augen zu sprechen ist gefährlich."

4. „Es ist nicht sicher, die eigenen Hände in den weiten Ärmeln zu versenken, wenn man sitzt."*

5. Immer wenn ich ein Buch las, ob eine Geschichtensammlung in *kana* oder eine klassische in chinesischer Schrift, warf mein Vater es ins Feuer. Er sagte: „Der Hofadel soll lesen; wir Mitglieder der Na-

---

* Auch im Sitzen muss man allzeit bereit sein, das Schwert so schnell wie möglich zu ziehen.

kano-Familie sollten uns in militärischer Kühnheit üben, ein Holz-schwert in der Hand als Zeichen unaufhörlicher Übung."

6. „Ein Mann, der keine Kampfgruppe anführt und ohne Pferd ist, ist kein Samurai."

7. „Ein mutiger Mann ist Vertrauen erweckend."

8. Mein Vater stand früh um vier Uhr auf, nahm ein kaltes Bad und rasierte sich jeden Morgen den Vorderkopf,** frühstückte bei Son-nenaufgang und ging mit Sonnenuntergang zu Bett.

9. „Der Samurai sollte betont einen Zahnstocher benutzen, selbst wenn er nichts zu essen hat. Innen bedürftig, nach außen glän-zend."

LEBE GENAU DIESEN AUGENBLICK

Lass mich dir sagen, was man antworten soll, wenn man gefragt wird: „Was ist von allergrößter Bedeutung beim eigenen Training?" Es ist: „Mit Leib und Seele an das eigene Ziel in genau diesem Augenblick glauben." Die Ansichten der Menschen heutzutage scheinen dieser scharfen mentalen Haltung beraubt.

Ein ausdrucksstarkes Gesicht zeigt, dass ein Mann von ganzem Her-zen an sein Ziel glaubt. Sich ständig so bemühend, kristallisiert etwas im eigenen Geist. Dieses Etwas wirkt als Loyalität gegenüber dem Fürsten, als kindliche Ergebenheit gegenüber den Eltern und als Mut beim Aus-üben von *Bushidô*. Es wirkt noch auf viele andere Weisen.

Es ist schwer, dieses „Etwas" zu entdecken; noch schwerer, es stän-dig im Sinn zu behalten. Der einzig mögliche Weg ist, genau diese Se-kunde so gut wie möglich zu leben.

** Der Vorderkopf, *sakayaki*, musste beim Gefolgsmann rasiert sein. Das unterschied ihn von herrenlosen Samurai (*ronin*), die ihr Haar meist wild wachsen ließen.

Die Veränderung der Werte
in den vergangenen 30 Jahren

Bis vor fünfzig oder sechzig Jahren nahm der Samurai jeden Morgen ein Bad, rasierte seinen Vorderkopf, räucherte sein Haar mit Weihrauch, schnitt seine Nägel, polierte sie mit Bimsstein und glättete sie mit Sauerklee, fein darauf bedacht, nicht seine Erscheinung zu vernachlässigen. Er reinigte seine Waffen und hielt sie poliert und frei von Rost.

Erscheint uns das besondere Augenmerk auf die eigene gepflegte Erscheinung heute vielleicht als zu affektiert, so entstammt es doch keiner romantischen Idee. Bereit, jeden Tag im Kampf zu sterben, traten junge wie alte Samurai gepflegt auf, weil sonst ihr toter Körper auf einem Schlachtfeld – entgegen ihrem Wunsch, auf alles vorbereitet zu sein – ganz sicher vom Feind verachtet worden wäre. Wenn diese Sitte auch kompliziert und zeitraubend erscheint, beschreibt sie doch genau das, was von einem Samurai erwartet wird; es gibt sonst nichts Besonderes, was mehr Hast oder Zeit bräuchte. Man bleibt frei von Schande, solange man wild entschlossen ist, jeden Moment zu sterben – oder sich bereits für tot hält – und sich sowohl in seinem Dienst als auch beim Ausüben militärischer Tugend ernsthaft bemüht.

... In den vergangenen dreißig Jahren geschahen viele Veränderungen. Wann auch immer sich junge Samurai treffen, sie reden nur über finanziellen Reichtum anderer, Gewinn und Verlust, ihr Haushaltsbudget, Kleidung und Sex. Ohne solche Themen fühlen sie sich angespannt. Welch erbärmliche öffentliche Moral!

Früher hatten die 20- und 30-Jährigen keine solch nichtswürdigen Ideen im Sinn, weshalb auch keines dieser Themen von ihren Mündern angeschnitten wurde. Selbst ein alter Samurai, der unbedacht so daherquatschte, wurde gewarnt, dass man ihn dafür strafen würde. Die gegenwärtige öffentliche Moral ist wahrscheinlich auf die tölpelhafte Art zurückzuführen, mit der größtes Gewicht auf finanzielle Angelegenheiten gelegt wird. So lange sich jemand von Luxus fernhält, der seinem Stand unangemessen ist, kann er frei von solchem Denken sein.

Es ist auch verachtenswert, einen sparsamen jungen Mann als guten Haushälter zu bezeichnen. Ein zu sparsamer Geist neigt dazu, die sozialen Verpflichtungen zu versäumen – der Mann endet womöglich als feiger Geizhals.

Lerne durch Beobachten des Beispiels anderer

Dies erzählte mir Ishida Ittei:

„Wenn jemand in der Kalligraphie eine gute Vorlage wählt und hart daran arbeitet, sie zu imitieren, wird seine Hand, am Anfang noch unsicher, bald erfreuliche Fortschritte machen. Der Gefolgsmann mag sich ebenso an einem herausragenden Krieger orientieren.

Obschon vorbildliche Gefolgsleute, die andere in allem überragen, heutzutage sehr schwer zu finden sind, kann jemand verschiedene Männer auswählen, von denen jeder den anderen in einer anderen Tugend übertrifft, wie etwa Anstand, Tapferkeit, die Art zu sprechen, gutes Benehmen, Treue und schnelle Entschlussfähigkeit, denen man nacheifern kann.

Schüler aller Richtungen neigen dazu, die unfertigen Eigenschaften ihrer Lehrer zu imitieren, statt deren Stärken nachzuahmen. Das führt zu keinen fruchtbaren Ergebnissen. Dies gilt auch für den Gefolgsmann, der sich als Lehrer einen Mann aussucht, der gute Manieren hat, aber unloyal ist, und dann die untreue Seite von dessen Charakter imitiert statt seine guten Manieren.

Finde die starken Charakterzüge anderer Menschen heraus und folge ihnen. So kann jeder, egal was er ist, zu einem guten Beispiel und Lehrer werden.“

Sprich Worte der Ermutigung

Wenn man einen Mann, der unter einem Unglück leidet, zum Troste besucht, ist das erste Wort des Besuchers von größter Wichtigkeit, weil das seine wahre Gesinnung offenbart. Der Samurai, der – egal in welcher Situation – verzagt und besorgt erscheint, ist ein Versager; er ist nutzlos, wenn er nicht ernsthaft bereit ist, mit allen Mitteln nach dem Sieg zu streben. Darum muss ein deprimierter Mensch aufgebaut werden.

Sei zu Besuchern freundlich, auch wenn du beschäftigt bist

Manchmal geschieht es, dass jemand ein Amt zur betriebsamsten Zeit aufsucht und von seinem Anliegen spricht, ohne irgendwie die geschäftige Atmosphäre zu spüren. In diesem Fall, wo Beamte oft mürrisch und wütend auf den Besucher reagieren, gebietet der Kodex der Samurai, die Angelegenheiten des Besuchers ruhig und bedacht zu handhaben. Abweisender Empfang von Besuchern steht nur niederem Fußvolk gut an.

Die Lektion des Platzregens

Man muss „die Lektion des Platzregens" verstehen. Ein Mann, der unterwegs von plötzlichem Regen überrascht wird, rennt die Straße hinunter, um nicht nass und durchtränkt zu werden. Wenn man es aber einmal als natürlich hinnimmt, im Regen nass zu werden, kann man mit unbewegtem Geist bis auf die Haut durchnässt werden. Diese Lektion gilt für alles.

Strebe danach, andere zu übertreffen

Mag der Mittelweg der beste sein; solange man nicht immer danach trachtet, andere zu übertreffen, praktiziert man nicht *Bushidô*.

Beim Bogenschießen müssen beide Arme auf der gleichen Höhe gehalten werden. Weil der rechte Arm dazu neigt, höher als der linke gehalten zu werden, wird der Schüler angewiesen, seinen rechten Arm zu senken, wodurch beide Arme auf die gleiche Höhe kommen.

Ein alter Hase erzählte mir einst: „Wenn jemand konzentriert Tag und Nacht darauf sinnt, erfolgreiche Samurai zu übertreffen und im Krieg starke Feinde zu töten, kann er sein Feuer des Mutes am Leben erhalten und frei von Niedergeschlagenheit seine Tapferkeit beweisen." Selbst zu Friedenszeiten sollte man diese Einstellung pflegen.

ERZIEHE DAS KIND EINES SAMURAI ANGEMESSEN

Es gibt bestimmte Arten, wie ein Samurai sein Kind erziehen soll. Zuerst, baue seinen Mut auf. Nicht ein einziges Mal drohe ihm oder täusche es. Ein einmal zur Furchtsamkeit erwecktes Herz verlässt das Kind nie mehr bis ans Ende seiner Tage, es bleibt bei ihm als sein wesentliches Manko. Dumme Eltern schüchtern ihre Kinder bei Donnergroll ein, machen ihnen Angst vor der Dunkelheit und erzählen schreckliche Geschichten; dadurch begehen sie unverzeihliche Fehler in der Kindeserziehung.

Als kleines Kind wird man in der Entwicklung zurückbleiben, wenn man zu sehr gescholten wird. Bringe dem Kind auch keine schlechten Angewohnheiten bei. Wenn die einmal in ihm festsitzen, können sie nur schwer wieder abgeschüttelt werden, wie angestrengt die Eltern auch dem Kind Vorwürfe machen mögen. Lass das Kind Schritt für Schritt aufwachsen, achte auf seine Sprache und sein Benehmen und halte es davon ab, gierig zu werden. Angemessen aufgezogen, kann ein Kind mit gewöhnlichem Charakter zu einem brauchbaren Erwachsenen heranreifen.

Es ist nur natürlich, dass ein Kind unglücklich verheirateter Eltern diesen nichts nutzen wird. Selbst Vögel und wilde Tiere werden von dem geprägt, was sie sehen und hören.

Mit einer einfältigen Mutter in der Familie kann die Verbindung zwischen Vater und Sohn geschwächt werden. Die Mutter verhätschelt ihren Sohn und stärkt ihm den Rücken, wenn er von seinem Vater getadelt wird. Dadurch bezieht sie aus eigennützigen Gründen mit dem Sohn gegen den Vater Stellung, vielleicht, um ihr Auskommen im Alter zu sichern.

ACHTE AUF DEINE WORTE

Ein Mann mit schwacher Überzeugung wird leicht von anderen auf deren Seite gezogen. Bei einem Treffen hört man sich manchmal ausrufen: „Genau!", wenn man von einem anderen Mann fasziniert ist, der unachtsam über etwas spricht, über das er nicht nachgedacht hat. Eine dritte Partei wird solch ein Wort sicher für Zustimmung halten. Man muss also auf der Hut sein, wann immer man mit anderen zusammentrifft.

Wenn man seine Meinung sagt oder darauf angesprochen wird, sollte man mit dem Gesprächspartner so verfahren, dass man von ihm nicht eingenommen wird und bereit sein, Ideen, die den eigenen entgegenstehen, zurückzuweisen. Sogar in einer unbedeutenden Angelegenheit kann ein scheinbar zu vernachlässigendes Detail eine Falle sein, wenn man nicht stets auf der Hut ist.

Es ist weise, sich nicht zu sehr mit einem Mann von fragwürdigem Charakter anzufreunden, damit man nicht von ihm eingenommen und in sein verdrehtes Denken verwickelt wird. Man benötigt jahrelange Erfahrung, um sich von solchen Irrtümern freizuhalten.

SEI KEIN VOLLENDETER TECHNIKER

Ein Sprichwort passt auf niemanden besser als auf die Samurai anderer Clans: „Könnerschaft ist für ihren Besitzer von lebenslangem Nutzen." In unserem Clan aber ruiniert sie nur das Leben der Samurai.

Ein Mann, der eine Kunst vervollkommnet hat, ist ein Techniker, kein Samurai. Strebe danach, „irgendein Samurai" genannt zu werden. Denke daran, dass Fertigkeiten einem Mann nur helfen können, seine Pflicht zu erfüllen, wenn er verstanden hat, dass ein besonderes Talent eine Gefahr für das Dasein eines echten Samurai darstellt.

FÜRCHTE KEIN UNGLÜCK

Jemand sagte: „Jeder denkt, die Entlassung aus dem Amt des Gefolgsmannes wäre eine enorme Belastung, und ein Gefolgsmann, der so weggeschickt würde, müsste tief betrübt und niedergeschlagen sein. Als ich einmal *ronin* war, entdeckte ich, dass dieses Leben nicht so schmerzlich war, wie ich es mir vorgestellt hatte; es war tatsächlich ganz anders als in meiner Phantasie. Ich sollte mich freuen, wieder ein *ronin* werden zu können." Das ist eine vernünftige Ansicht.

Ein Mann, der immer auf den Tod vorbereitet ist, kann sicher einen friedvollen Tod sterben. Unglück ist nicht so schlimm, wie wir es uns vorher einbilden, deshalb ist es närrisch, sich mit Gedanken an Unbill zu plagen, die noch kommen mag. Man darf nie vergessen, dass das schlimmste Schicksal eines Gefolgsmannes trotzdem die Entlassung aus seinem Dienst oder ein erzwungener Selbstmord durch *seppuku* ist.

ERKENNE DIE WAHRE NATUR VON GUT UND BÖSE

Die Schicksalsschläge in einem Menschenleben können nicht seinem Guten oder Bösen zugeschrieben werden. Aufstieg und Fall des Menschen liegen in der Natur der Dinge, während sein Gutes und Böses vom irdischen Urteil durch den Menschen abhängt. Menschen neigen jedoch dazu, die Höhen und Tiefen anderer als Folgen von Tugend und Unsitte zu sehen.

SCHAU IN DEN SPIEGEL

Es ist ratsam, sich anzugewöhnen, in den Spiegel zu schauen, um die eigene Erscheinung zu ordnen. Nachdem ich angewiesen worden war, mir im Alter von dreizehn Jahren eine Stirnlocke als Zeichen meiner Knappenschaft wachsen zu lassen, zog ich mich etwa ein Jahr in mein Haus zurück, weil meine Verwandten von mir sagten: „So klug, wie er aussieht, wird er sicher früher oder später unangenehm auffallen. Unser Fürst kann schlaue Gesichter nicht leiden."

Als die Leute mich nach diesem Jahr trafen, in dem ich ständig in einsamer Abgeschiedenheit vor dem Spiegel meine Erscheinung verbesserte, nannten sie mich krank und schwach. Ich wusste also, dass meine Voraussetzungen für den Gefolgsdienst nun vollständig waren.

Einem Mann mit einem schlauen Ausdruck im Gesicht vertrauen die anderen nicht. Wenn er nicht festen Geistes in sich ruht, ist seine Erscheinung kein schöner Anblick. Ein ehrfurchtsvoller, strenger und ruhiger Mann ist am besten.

VERACHTE BERECHNENDE FEIGLINGE

Diejenigen, die für eigennützigen Gewinn arbeiten, sind Feiglinge. Der Grund liegt darin, dass ein berechnender Mensch, der ständig Gewinn und Verlust gegeneinander aufrechnet, sich von diesem Gedankenmuster nicht trennen kann, weshalb er den Tod als Verlust und das Leben als Gewinn betrachtet. Er hasst den Tod, was ihn als Feigling enden lässt. Die Gebildeten verhüllen Charakterzüge wie Feigheit und Gier durch Schlauheit und Beredsamkeit – eine Tarnung, die andere bloß irreführt.

KÄMPFE VERZWEIFELT

„*Bushidô* heißt, verzweifelt im Rachen des Todes zu kämpfen", kommentierte Fürst Naoshige. „Selbst Dutzende von Männern finden es manchmal schwer, einen einzigen Samurai in diesem wilden Zustand zu töten."

Von einem Mann gewöhnlichen, gesunden Geistes kann man nicht erwarten, dass er Großes vollbringt; nur wenn er sich in einen beinahe verrückten, verzweifelten Zustand bringt, weit jenseits von Vernunft und Eigennutz, kann er solches leisten. Genauso steht ein Mann, der einmal von Zurückhaltung befangen ist, weit hinter den anderen zurück, die *Bushidô* üben; denn *Bushidô* erfordert keine besonderen Gedanken an Loyalität oder kindliche Pietät, sondern nur verzweifeltes Kämpfen, in dem Loyalität und kindliche Pietät freilich spontan entstehen können.

FÜHLE DICH KEINEM MANN UNTERLEGEN

„Wer einen Meister seiner Kunst beobachtet und ihm zuhört und daraufhin schließt, er könne es nie soweit bringen, ist ein Weichling. Wer sich dem Meister, also einem anderen Menschen, nicht unterlegen fühlt und sein Herz ganz auf Meisterschaft ausrichtet, hat seine Füße bereits auf den Weg der Vervollkommnung gesetzt. Konfuzius hatte seinen Namen verdient, als er sein Herz im Alter von fünfzehn Jahren aufs Lernen richtete. Es folgten Jahre des Studiums, bevor er ein Weiser wurde", sagt Ittei. Eine buddhistische Schrift meint: „Wenn jemand zum Buddhismus erweckt wird, leben die Lehren des Buddha bereits in seinem Geist."

ACHTE AUF DEINE SPRACHE

Der Samurai muss auf alles vorbereitet sein, um nicht das geringste Zucken zu zeigen. Wenn man nicht auf seine Sprache achtet, mag man etwas brabbeln wie „ich habe Angst", „in so einem Fall werde ich sicher fliehen", „das ist fürchterlich" oder „es tut schrecklich weh". Weder im Schlaf noch im scherzhaften Gespräch sollte ein Samurai sich erlauben, solche Worte zu äußern. Wenn sie von einem aufmerksamen Mann gehört werden, kann er die Gedanken auf dem Grunde des Herzens eines solch sorglosen Sprechers leicht erkennen. Sei also immer auf der Hut.

SEI ENTSCHLOSSEN

Ein altes Sprichwort lautet: „Denke scharf nach und entscheide innerhalb von sieben Atemzügen." Fürst Takanobu kommentierte einmal: „Langes Überlegen stumpft die scharfe Klinge einer Entscheidung ab." Fürst Naoshige wurde so vernommen: „In sieben von zehn Fällen stellen sich die Dinge, die zögerlich ausgeführt wurden, als falsch heraus. Vom Samurai wird schnelles Handeln erwartet, bei allem, was er in Angriff nimmt."

Ein verwirrter Geist führt zu keiner klaren Entscheidung. Ein Mann ohne nagende Zweifel und von frischem und hohem Geist kann innerhalb von sieben Atemzügen zu einer Entscheidung kommen. Geistesgegenwärtig und entschlossen soll man eine Entscheidung treffen.

EIN BELIEBTER MANN

Ein Mann, der sich auskennt, wird bald das Opfer von Selbsttäuschung, erfreut sich daran, ein fähiger Mann genannt zu werden und prahlt, seiner Zeit voraus zu sein, von der Illusion geblendet, dass niemand ihn übertreffen könne. Solch ein Verhalten wird sicher den Zorn des Himmels nach sich ziehen.

Welches Talent auch immer man geschenkt bekommt, man kann keinen guten Dienst leisten, wenn man von anderen nicht anerkannt wird. Niemand kann einen Mann hassen, der sich darum bemüht, nützlich zu sein, der seinen Dienst liebt, sich anstrengt und allzeit bereit mit seinen Weggefährten arbeitet.

VERMEIDE BEFÖRDERUNG, SOLANGE DU JUNG BIST

Befördert zu werden und als nützlicher Samurai zu dienen, wenn man noch jung ist, kann keine fruchtbaren Ergebnisse bringen; wie glänzend ein junger Mann auch von Natur aus sein mag, seine Fähigkeit ist noch nicht reif genug, andere zu überzeugen. Es ist darum besser, erst allmählich, mit ungefähr fünfzig Jahren, aufzusteigen. Ein Mann, dessen Beförderung, gemessen an seinem Können, in den Augen anderer als zu langsam erscheint, kann wahrhaft große Ergebnisse in seinem Dienst zustande bringen.

Ein Mann, der seinen Reichtum verschleudert hat, aber seine edlen Ziele aufrechterhält, kann sich bald von solchem Makel erholen, weil er frei ist von dem Streben nach selbstsüchtigem Gewinn.

ÜBERTRIFF ANDERE, INDEM DU AUF IHRE RATSCHLÄGE HÖRST

Der beste Weg, andere zu übertreffen, ist der, von ihnen aufrichtig die eigenen Angelegenheiten kritisieren zu lassen und sie um Rat zu fragen. Für die meisten Menschen zählt nur ihre eigene Meinung. So kann man andere aber nicht übertreffen.

Ein Samurai, der viel besser schreibt als ich, zeigte mir einmal ein offizielles Dokument, das er an einen anderen geschrieben hatte, um von ihm einen Rat zu erhalten. Die Tatsache, dass er einen anderen Mann bat, das Schreiben durchzusehen und zu korrigieren, zeigt, dass er bereits über den anderen stand.

SEI REIN UND EINFACH

In keiner Übung kann es eine Stufe geben, auf der jemand denkt, er habe alles erreicht. Solch ein Gefühl der Vervollkommnung steht schon in sich selbst dem Üben des Weges entgegen. Ein Mann, der mit seinen Ergebnissen das ganze Leben lang unzufrieden war, obwohl er von ganzem Herzen bis zu seinem letzten Atemzug übte, hat rückblickend sein Ziel erreicht.

Rein und einfach zu werden und Konzentration zu pflegen, ohne mehr als *ein* Ziel zu verfolgen, ist eine schwierige Lebensaufgabe. Das Verfolgen eines Zieles führt einen Menschen niemals auf den Weg, wenn es nicht in reinem und klarem Geist geschieht.

DAS ERSTE WORT

Das erste Wort aus dem Munde eines Samurai ist wichtig, weil dieses eine Wort seine Tapferkeit offenbart. In Friedenszeiten wird an den Worten, die einer äußert, Mut erkannt; sogar in unruhigen Zeiten zeigt das erste Wort, ob der Krieger tapfer oder ängstlich ist. Das erste Wort ist sozusagen die Blume des Samurai-Geistes; es entzieht sich angemessener Beschreibung.

BEWEGE HIMMEL UND ERDE

Nichts ist in dieser Welt unmöglich. Fester Entschluss kann Himmel und Erde bewegen, sagt man. Manche Dinge scheinen weit jenseits eines Menschen Macht zu liegen, weil er sein Herz aus Mangel an starkem Willen nicht auf ein schwieriges Projekt richten kann. Es hängt ganz von der geistigen Einstellung ab, „sogar Himmel und Erde zu bewegen, ohne die eigene Stärke anzuwenden."

SEI BESCHEIDEN UND HANDLE NACH DEN LEKTIONEN

Es gibt viele, die belehren wollen und nur wenige, die ihnen zuhören wollen. Noch weniger Menschen halten sich an die bereits erteilten Lektionen. Wenn ein Mann schon in seinen Dreißigern ist, wird niemand es wagen, ihn zu ermahnen. So neigt er dazu, seinen eigenen Weg zu gehen, und wiederholt seine Missetaten und Torheiten immer wieder, bis er als Tunichtgut endet. Darum muss man sich mit vernünftigen Menschen umgeben und ihren Belehrungen lauschen.

FÜRCHTE KEINE FEHLER

Ein Gefolgsmann, der nichts als seine Pflichterfüllung im Gefolgsdienst liebt, ist lobenswert. Ein Gefolgsmann, der vor einem großen Auftrag Angst hat und bittet, von ihm befreit zu werden, ist ausweichend und unmännlich. Wenn jemand bei einem Auftrag trotz größter Anstrengung versagt, ähnelt das Versagen einem ehrenhaften Tod in einer verzweifelten Schlacht.

SEI IMMER BESCHEIDEN WIE BEIM ERSTEN TREFFEN

Wenn alle Menschen in einer Gesellschaft in Harmonie miteinander leben und ihr Dasein dem Weg des Himmels überlassen, werden sie sicherlich bequem und in Frieden existieren können. Ein Mann, der mit anderen nicht in Harmonie lebt, kann nicht als loyal dem Fürsten gegenüber angesehen werden, was für ein edles Prinzip er auch für sich in Anspruch nimmt.

Die da schlecht mit anderen stehen und sogar unregelmäßig stattfindenden Treffen fernbleiben oder nur zynisch daherreden, werden alle von ihrem engen Denken bestimmt. Selbst wenn ein Mann mit einem anderen nicht übereinstimmt, wird ein herzlicher Gruß von ihm erwartet, wann auch immer er den anderen trifft; er sollte sich darauf einstellen, sich mit dem anderen zu arrangieren, damit wiederholte Treffen nicht langweilig werden, und stets an einen möglichen Augenblick denken, in dem eine freundliche Beziehung dringend nötig sein könnte.

In dieser vergänglichen Welt, in der niemand seines Lebens sicher sein kann, wäre es peinlich, plötzlich zu sterben, wenn andere gerade schlecht von einem denken. Man sollte nicht als geldgeiler Mönch oder Verrückter enden, oder wie äußerst schmähliche und selbstsüchtige Kreaturen.

Um anderen Raum zu geben, wetteifere nicht unnötig mit ihnen, bleibe höflich und bescheiden und erledige die Dinge bedächtig zum Wohle anderer, selbst wenn sie dir zum Nachteil gereichen; denn das gewährleistet unvermindert freundliche Beziehungen bei jedem Treffen, so als wäre es das erste Mal.

Dasselbe gilt auch fürs Eheleben: Es gibt keinen Raum für Ehezwist, wenn jemand in späteren Jahren so diskret und bescheiden bleibt wie er es bei der ersten Begegnung mit dem Ehepartner war.

EIN „REUE-TAGEBUCH

In jungen Jahren führte ich ein „Reue-Tagebuch", um meine täglichen Schnitzer zu notieren. Es verging nicht ein Tag, an dem ich nicht zwanzig, dreißig Fehler aufschrieb. Angesichts dieser unabwendbaren Patzerparade gab ich schließlich das Tagebuch auf.

Selbst jetzt, wenn ich im Bett darüber nachsinne, was ich am Tage getan habe, sind da zumindest ein paar Fehler, die mir in Wort oder Tat unterliefen. Was für ein unvollkommener Mensch ich bin! Ein Mann, der von seiner Klugheit zu sehr eingenommen ist, kann nicht auf diese Weise reflektieren.

LOYALITÄT UND KINDLICHE PIETÄT

Einen loyalen Gefolgsmann trifft man im Hause des Samurai an, der seine Sohnespflicht tut, heißt es in einem Sprichwort. Man sollte seinen Eltern gegenüber durch und durch pflichtbewusst sein und bereuen, nicht noch mehr für sie getan zu haben, wenn sie gestorben sind.

Da viele Gefolgsmänner naturgemäß dazu neigen, sich im Dienst ihrer Fürsten zu verausgaben, kümmern sich nur wenige um ihre Sohnespflicht. Loyalität und kindliche Pietät zeigen sich erst, wenn Fürst und Eltern unvernünftig handeln. Wenn sie vernünftig und wohlgesonnen sind, verhält sich sogar ein Fremder freundlich ihnen gegenüber. Pinien und Eichen, sagt man, sehen schöner aus, wenn Frost auf ihnen liegt.

Der Mönch Gensei ging bei Sonnenuntergang heimlich zum Fischhändler und brachte dann den Fisch – versteckt unter der Robe – seiner Mutter vorbei. Seine Ergebenheit und Treue den Eltern gegenüber steht weit über dem, was üblich ist.

ÜBER *SHUDÔ*

Männer begehen oft lebenslange Fehler wegen *shudô*, homosexueller Beziehungen in ihrer Jugend. Heutzutage scheint niemand den jungen Männern die Verpflichtungen von *shudô* zu nennen, ohne die ihre Integrität leicht aufs Spiel gesetzt wird. Das folgende gibt wieder, was ein Mann namens Shikibu darüber lehrte:

Wie eine treue Frau kein zweites Mal heiratet, sollte jemand in seiner Übung des *shudô* nur einem männlichen Liebhaber im Leben amourös verbunden sein. Sonst wäre er nicht besser als ein professioneller Sodomit oder eine Dirne, also eine Schande für die Samurai.

Saikaku ist bekannt für seine Anmerkung: „Ein junger Mann ohne bürgenden, älteren Liebhaber ist wie ein junges Mädchen ohne Verlobten", doch andere machten sich über die *shudô*-Liebhaber nur lustig. Wenn du ganz sicher nach einer jahrelangen Verbindung die aufrichtigen Liebesabsichten eines älteren Mannes herausgefunden hast, kannst du ihn um eine *shudô*-Beziehung ersuchen.

Da beide, einmal so verbunden, ihr Leben füreinander geben können müssen, sollte man sich der Absicht des anderen doppelt sicher sein. Eines ängstlichen Mannes Liebe ist nie tief verwurzelt; er ist verdammt, seinen Liebhaber später im Stich zu lassen. Wenn ein solcher Mann sich dir nähert, weise ihn schroff ab und erkläre, dass er Schwierigkeiten heraufbeschwöre. Sollte der andere weiter fragen: „Welche Art von Schwierigkeiten?", dann sage: „Wie kannst du es wagen, solch eine Frage zu stellen, wo ich noch am Leben bin!" Wenn er weiter bohrt, erschlage ihn wütend mit deinem Schwert.

Der Ältere muss sich seinerseits des treuen Herzens des jüngeren Liebhabers gewiss sein. Seine amourösen Wünsche werden erfüllt werden, wenn er mehrere Jahre lang stark genug unter Einsatz seines Lebens danach strebt.

Wenn du *shudô* pflegst, renne niemals Frauen hinterher. Widme dich stattdessen dem Training der Kampfkünste – dem Weg des *Bushidô*.

SEI DICKKÖPFIG

Eine dickköpfige Haltung passt – noch vor Intelligenz und Diskretion – am besten zu Männern unter vierzig. Selbst in den Vierzigern und später kann der, der keinen kraftvollen Willen hervorgebracht hat, trotz Charakter und Stellung andere nicht beeinflussen.

FORDERE DEN FEIND UNGESTÜM HERAUS

Bist du entschlossen, jemanden zu töten, erlaube dir niemals, zu denken: „Ich könnte verlieren, wenn ich den Feind sofort stelle. Stattdessen wähle ich lieber eine Verzögerungstaktik." Solches Denken beraubt einen der treffenden Wahl des rechten Zeitpunktes und nimmt viel vom ursprünglichen Entschluss weg, weshalb er dann oft nicht verwirklicht werden kann. Der Weg des Samurai verlangt, dass dieser kopfüber in seinen Feind hineinstürmt, ja sogar blindlings.

Während buddhistischer Zeremonien im Jissoin-Tempel bei Kawakami zettelte ein betrunkener Knappe eines hochrangigen Mannes auf einem Boot einen Streit mit dem Fährmann an. Am Ufer angekommen, zog der Knappe das Schwert, wurde aber zuerst von der Stange des Bootsmannes am Kopf getroffen. Andere Bootsmänner eilten mit Rudern in der Hand herbei, um den Knappen niederzuknüppeln. Der Herr aber wandte sich ab und verließ den Schauplatz. Ein anderer Knappe jedoch rannte zurück, entschuldigte sich bei dem Bootsmann, streckte den besagten Knappen nieder und brachte ihn zurück zur Residenz des Herrn. In dieser Nacht, so heißt es, wurden dem geschlagenen Knappen seine Schwerter abgenommen.

Zuerst einmal ist der Herr verantwortlich, weil er den geifernden Knappen nicht gerügt und den Bootsmann auf dem Fährboot nicht beruhigt hat. Dann jedoch, als der Knappe auf den Kopf geschlagen war, stand beruhigendes Zureden außer Frage, auch wenn der Knappe nicht vernünftig gehandelt hatte. Unter dem Vorwand, sich zu entschuldigen, hätte der Herr den Bootsmann mit dem ersten und den Knappen mit dem nächsten Schlag töten sollen. Der Herr war also ein Feigling.

MISSBRAUCHE DIE TOTEN NICHT

Als ein Samurai anmerkte: „Wie traurig, dass der Soundso dermaßen jung starb!", antwortete ich: „Stimmt, er war ein wertvoller Mann." Als nun jener Samurai lamentierte, dass in diesen Tagen des Niedergangs *giri*, die sozialen Verpflichtungen, vollständig verworfen würden, tröstete ich ihn: „Wie ein Sprichwort sagt: ‚Wenn die Dinge ganz übel laufen, werden sie sich zum Besseren wenden.' Darum wird diese Welt sich zweifellos verbessern."

Nach seiner Hinrichtung wurde Nakano Shogen bei einem Treffen im Haus der Gruppe des Kommandanten Oki Zen-Hyobu gehörig schlecht gemacht, woraufhin Hyobu die Männer zurechtwies: „Wir sollten nicht schlecht von den Toten sprechen. Menschen, die beschuldigt wurden, sollten bedauert werden; über Tote das Beste zu sagen, was man kann, entspricht der Verpflichtung des Samurai zu gegenseitigem Mitleid am ehesten. Nur der Himmel weiß, ob Nakano Shogen nicht in zwanzig Jahren als loyaler Gefolgsmann rehabilitiert wird." Diese kostbaren Worte standen dem alten Kämpfer gut zu Gesicht.

UNVERNUNFT IM ALTER

Taku Mimasaka verhielt sich im Alter unvernünftig und kaltherzig gegenüber seinen Männern. Als er zurechtgewiesen wurde, soll er gesagt haben: „Das geschieht alles zum Nutzen von Nagato, meinem Sohn. Nach meinem Tod werden die Menschen das, was mein Sohn tut, viel leichter nehmen können."

Wenn ein Fürst nach angesehener Herrschaft kurz vor seinem Abdanken seinen Gefolgsleuten gegenüber unvernünftig handelt, dann kann sein Sohn, der die Herrschaft übernimmt, schnell die Ergebenheit der Gefolgsleute gewinnen. Das ist eine geheime Formel, die aus alten Zeiten übermittelt wurde.

ERKENNE DIE NATUR DER ANDEREN

Um Dinge zu klären, sollte man die Natur des anderen schnell verstehen und entsprechend handeln. Bei einem streitenden Mann von starkem Willen muss man bedächtig nachgeben und des anderen Vernunft gewinnen, ohne harsch zu klingen und Raum für Ärger zu hinterlassen. So sollten Geist und Worte arbeiten, um Dispute auszuräumen.

Die drei Prinzipien des Gefolgsdienstes

Die tiefe Grundlage des Gefolgsdienstes eines Samurai ist im Allgemeinen, dem Fürsten sein eigenes Leben anzubieten.

Der Samurai muss zuerst in sich selbst Weisheit, Güte und Tapferkeit pflegen. Für einen Laien mag es unmöglich erscheinen, diese drei Tugenden gemeinsam zu besitzen, doch es ist leicht. Weisheit, unermesslich reiche Weisheit, kann erlangt werden, indem man andere um Rat fragt; Güte entsteht aus der Arbeit zum Wohle anderer, indem man mehr an andere als an sich selbst denkt; Tapferkeit heißt, die Zähne zu blecken und widrige Umstände unter den Füßen zu zermalmen, ohne klug über die Konsequenzen nachzudenken. Ich kenne keinen besseren Rat als diesen.

Die wichtigen Punkte in den Augen anderer sind die Erscheinung, die Art zu sprechen und die Handschrift – tägliche Angelegenheiten, die durch tägliche Übung verfeinert werden können. Allgemein gesprochen, bemühe dich, ruhig und tatkräftig zu sein. Nachdem du solche Eigenschaften erlangt hast, studiere die Geschichte des Clans und seine Traditionen und danach zum Zeitvertreib einige seiner Errungenschaften.

Alles in allem ist der Gefolgsdienst nicht schwierig; wer wenigstens als ein bisschen nützlich angesehen werden will, denke nur an diese drei Prinzipien.

Leidenschaftliche Hingabe

Es gibt nichts Wichtigeres als die leidenschaftliche Hingabe in einem bestimmten Augenblick. Das Leben besteht aus dieser Glut, die immer wiederholt wird. Der Geist eines Mannes, der zu dieser Wahrheit erwacht ist, wird weder von irgendwelchen anderen drückenden Belastungen noch von Wünschen besetzt. Er muss sein Leben nur auf leidenschaftliche Hingabe ausrichten. Dennoch ist niemand in der Lage, diese Wahrheit zu verwirklichen; keiner hört auf, nach anderen wichtig erscheinenden Dingen des Lebens zu suchen.

Stets leidenschaftliche Hingabe an den Tag zu legen und schließlich von Verblendung befreit zu werden, dauert viele Jahre. Einmal erwacht, muss man nicht immer bewusst an konzentrierte Anstrengung denken. Leidenschaftliche Hingabe in jedem Augenblick kann – einmal gründlich verwirklicht – einen Mann gelassen über der täglichen Verwirrung durch Lappalien stehen lassen. Loyalität ist in dieser leidenschaftlichen Hingabe enthalten.

DER TREND DER ZEITEN

Der Trend der Zeiten kann nicht geändert werden. Die Gesellschaft wird nach und nach korrupter und nähert sich dem Untergang – das ist die Natur der Dinge.

Auch ein Jahr umfasst verschiedene Jahreszeiten, nicht nur die ganze Zeit Frühling und Sommer; das gleiche gilt für einen Tag, der jeden Moment sein Gesicht ändert. Jeder Versuch, die gegenwärtige Gesellschaft zu einer zu machen, die vor einhundert Jahren existierte, muss fehlschlagen. Darum sollten wir uns, dem immer wechselnden Lauf der Zeiten gemäß, selbst ständig zu verbessern suchen. Menschen, die nur nostalgisch die Vergangenheit betrachten, liegen falsch, weil sie diesen springenden Punkt nicht verstehen. Auf der anderen Seite sind diejenigen abergläubisch und unvernünftig, die von den gegenwärtigen Moden eine hohe Meinung haben und alte Sitten vernachlässigen.

ZÖGERE NICHT, DEN FÜRSTEN
UM FINANZIELLE HILFE ZU BITTEN

Während meines abgelaufenen Dienstes beunruhigte mich nicht ein Gedanke an meine angespannte finanzielle Lage. Wenn meine Familie ohne Essen wäre, so dachte ich, könnte ich das Gefolge des Fürsten oder ihn selbst um Geld bitten, wie es schon Ezoe Hyobuzaemon getan hatte.

Vor Jahren, als ich nach Kyoto aufbrechen musste, um meinen offiziellen Dienst dort anzutreten, bat ich die älteren Ratsmitglieder um finanzielle Unterstützung: „Meine Haushaltskasse ist wegen meines bevorstehenden langen Aufenthaltes in Kyoto arg strapaziert. Ich würde einen rücksichtsvollen Umgang damit sehr schätzen, denn wenn meine Schuld irgendwie unbeglichen zurückbliebe, würde das sogar den ehrwürdigen Namen unseres Clans beflecken. Die Schulden rühren nicht von meiner Selbstsucht her, sie werden von meinem offiziellen Aufenthalt in Kyoto verursacht." Die Ratsmitglieder berichteten das dem Fürsten, der mir großzügig eine bestimmte Summe gewährte.

Bei einer anderen Gelegenheit, bei der ich im Gefolgsdienst unter medizinischer Betreuung stand, verschrieb mir der Arzt Ginseng. Als Moro'oka Hikouemon Wind von meinen strapazierten Finanzen bekam, wegen denen ich mir keinen Ginseng erlauben konnte, sagte er zu mir: „Wir werden dir soviel Ginseng besorgen, wie du brauchst. Bitte zögere nicht, ihn zu verbrauchen." So erhielt ich ohne Vorbehalt den Ginseng. „Du hältst eine wichtige Position inne, um dem Fürsten beharrlich bei der Erfüllung seiner Verantwortung zu helfen", sagte er, „wie groß dein Bedarf an Medizin wie Ginseng auch sein mag, wir werden dich stets weiter um deinen Rat ersuchen."

Wenn der Gefolgsmann alles dem Fürsten überlassen hat, muss er sich um seine eigenen Angelegenheiten nicht sorgen. Ein gedankenloses Äußern von Vorbehalten dagegen erschwert die Dinge.

LASS DICH NICHT VON HINTEN ERSCHLAGEN

Bei einer bestimmten Schlacht sah es schlecht für die Armee von Fürst Ieyasu aus. Später sprachen die Menschen angeblich mit Bewunderung von seinem Rückzug: „Ieyasu ist ein großer Befehlshaber von unschätzbarer Tapferkeit. Nicht einer seiner Samurai, die in der ungleichen Schlacht fielen, wurde mit dem Feind zugewandten Rücken aufgefunden." Die geistige Einstellung dieser Samurai offenbarte sich sogar noch nach ihrem Tod. Das lässt unsere heutige Einstellung dagegen schändlich erscheinen.

LIEBE IN IHRER HÖCHSTEN FORM

Die höchste Form der Liebe besteht darin, die brennende Liebe für sich zu behalten und nicht einmal der geliebten Person sein Herz zu öffnen.

Empfange, wenn mein Leben vorüber ist,
meine verzehrende Liebe für dich,
aus dem Rauch, der von meinem brennenden Körper aufsteigt.

Die Liebe, die einer Geliebten offenbart wird, wenn man noch lebt, ist nicht tief. Mit der geheim gehaltenen Liebe zu sterben, ist die höchste Form der Liebe. Selbst wenn man von dem Menschen, den man liebt, gefragt wird, ob das der Fall ist, ist es entscheidend, gleich zu antworten: „Das ist das letzte, was ich mir vorstellen kann." Was für einen komplizierten Weg die wahre Liebe doch gehen muss!

Als ich das kürzlich diskutierte, stimmten einige Männer mit mir überein, und wir wurden die „Rauch-Gruppe" genannt. Diese Philosophie der Liebe passt auf alles. Sie verdeutlicht zum Beispiel die Beziehung zwischen Fürst und Gefolgsmann. Darüberhinaus entspricht die Selbstkontrolle beim Alleinsein der Zurückhaltung bei offiziellen Anlässen. Solange jemand nicht davon Abstand nimmt, in der Einsamkeit schmachvoll zu handeln oder über niedere Dinge heimlich, tief in seinem Herzen, nachzudenken, kann er in der Öffentlichkeit nicht rein und klar erscheinen.

DIESE LEERE WELT

(Gesprochen bei einem Spaziergang) Ich habe erkannt, was ein hervorragend entworfener Marionetten-Mann ist. Auch ohne Fäden kann er stolzieren, springen, hüpfen und sogar sprechen – eine sorgfältig entworfene Puppe! Wer weiß, zur *Bon*-Saison im nächsten Jahr bin ich vielleicht ein neuer Toter, der zum *Bon*-Fest* eingeladen wird. Was für eine vergängliche Welt! Diese Wahrheit entschlüpft doch dauernd unserem Bewusstsein.

JEDER MOMENT IST ENTSCHEIDEND

(Von Yamamoto Tsunetomo seinem Adoptivsohn Gonnojo erzählt) Der gegenwärtige Augenblick kann wohl der entscheidende sein; der entscheidende Moment kann genau jetzt sein. Menschen, die Momente für getrennte Dinge halten, können im Augenblick des Notfalls nicht bereit sein. Wenn ein Mann genau jetzt zu seinem Fürsten gerufen und ange-

---

* Auch als *urabon-e* bekannt. Das Fest dauert eine Woche, mit dem 15. Juli als zentralem Tag, der *chunichi* genannt wird. Beim *Bon*-Fest werden die Seelen der Vorfahren eingeladen und beruhigt.

wiesen würde, seine Gedanken zu einem bestimmten Sachverhalt zu äußern, würde er höchstwahrscheinlich keine prompte Antwort wissen. Dies bezeugt, dass die Einstellung gegenüber dem entscheidenden Augenblick anders ist als die zu den gewöhnlichen Stunden.

Diese verschiedenen Momente für ein und dasselbe zu halten, erfordert tägliches Üben – auch in der Freizeit –, um in der Lage zu sein, Dinge explizit zu erklären, wenn man vor den Shogun, vor den Lehensfürsten oder ältere Ratsmitglieder des Clans zitiert wird. Und das, selbst wenn man sicher weiß, dass der eigene niedere Rang im ganzen Leben niemals die Möglichkeit bieten wird, in der Gegenwart des Fürsten zu sprechen.

Diese Haltung passt zu allem – ob du auf dem Schlachtfeld bist oder im bürgerlichen Dienst. Sei also entsprechend umsichtig. Wenn wir dies soweit analysieren, wie sehr müssen wir da erkennen, dass wir ständig unaufmerksam sind!

Sei auf den Tod vorbereitet

Reiche und Arme, Junge und Alte, Erwachte und Verblendete – alle müssen sterben; der Tod kommt zu jedem von uns. Jeder – auch wenn er diese Wahrheit kennt – macht sich glauben, er sei der letzte, der sterben müsse, nachdem alle anderen diesem unausweichlichen Schicksal begegnet sind. Keiner hegt einen Gedanken an den nahenden Tod, der jeden Moment an seine Tür klopfen kann. Wie kurzsichtig!

Wenn es irgendeine geheime Formel im Umgang mit dem sicheren Tod gibt, liegt sie in der Vorstellung, dass nichts, was man tut, den Tod vermeiden kann, dass das eigene Leben nichts als ein leerer Traum ist. Hast du das begriffen, sei niemals unaufmerksam gegenüber dem Schatten des Todes, der dicht um deine Füße herumschleicht. Erspare dir keine Mühe, früh darauf vorbereitet zu sein.

Ermutigung ist besser als Sympathie

Wenn einer gedankenlos Worte des Mitleids wie „tut mir leid, das zu hören" zu jemandem spricht, der aufgrund eines unerwarteten Unglücks seine Geistesgegenwart verloren hat, wird der Leidende nur noch niedergeschlagener und unfähig, vernünftig zu denken. In solch einem Fall sollte man besser des anderen Aufmerksamkeit ablenken, indem man ihn tröstet: „Du hast Glück. Das hätte schlimmer kommen können!" oder mit ähnlichen Worten, so als wäre nichts Schlimmes geschehen. Wenn er sich an solche Ermutigung klammert, kann der Leidende sich bestimmt erholen und die Dinge wieder in einem vernünftigen Licht sehen. In dieser ungewissen Welt muss man keine lange andauernde Sorge oder Freude hegen.

WIE MAN EINEN STREIT BEILEGT

Bevor man eine Angelegenheit bei einer Konferenz verhandelt, sollte der Vorsitzende erst den Fall im Detail mit dem besprechen, der direkt darin verwickelt ist. Danach sollte er auf der Konferenz Meinungen anderer Anwesender hören und eine Entscheidung treffen – sonst fühlt sich noch jemand verletzt. Es ist ebenfalls ratsam, bei Angelegenheiten, die ernsthafte Beratung erfordern, diejenigen, die nicht darin verwickelt sind oder die außerhalb der gewöhnlichen Masse stehen, privat um ihren Kommentar zu bitten. Da sie der Sache unvoreingenommen gegenüberstehen, können sie diese vernünftig analysieren. Mitglieder der eigenen Gruppe neigen auf Nachfrage dazu, zugunsten des eigenen Mannes Stellung zu beziehen. Ihre Kommentare sind dann natürlich von keinem Nutzen.

GÖTTER UND UNREINHEIT

Man sagt von Göttern, sie würden Unreinheit hassen, doch ich bete jeden Tag nicht ohne Eigennutz zu ihnen. Ich war ihnen gegenüber lange fromm und betete für mein Glück auf dem Schlachtfeld, auf dem ich kämpfen sollte, blutverschmiert und über Reihen toter Körper hinwegsteigend. Wenn die Götter nun wegschauen, weil sie meine Unreinheit verabscheuen, muss ich nehmen, was kommt. Mit diesem Schicksal verbeuge ich mich vor den Göttern, egal, ob ich rein bin oder nicht.

DAS KURZE LEBEN EINES MANNES

Das Leben eines Mannes ist nur ein aufblitzender Moment. Ein Mann sollte sein Leben mit dem verbringen, was er wirklich will. In diesem kurzen Leben wäre es idiotisch, sich als Mann zu etwas zwingen zu lassen, was man nicht mag und so sein Dasein leidend zu verbringen. Wenn dieser Gedanke natürlich falsch ausgelegt wird, ist er schädlich. Darum habe ich ihn für mich behalten und nie jungen Männern verraten.

Ich mag meine Nickerchen. Ich denke daran, stilvoll und gemäß meinen gegenwärtigen Umständen nur noch im Haus zu bleiben und mich am Schlaf zu erfreuen.

DIE ERSCHEINUNG

Die Erscheinung eines Menschen zeigt seine Würde und ist Ausdruck der Tiefe seines Charakters. Seine konzentrierte Anstrengung, heitere Einstellung, schweigsame Pose, höfliche Veranlagung, freundliche Haltung, seine gebleckten Zähne und sein stechender Blick – all das zeigt Würde. Solche äußere Erscheinung rührt von ständiger Aufmerksamkeit und Ernsthaftigkeit her.

EIN NIEDRIG GEBORENER IN HOHER POSITION

„Einige beharren darauf", sagte Kazuma, „dass alte Utensilien eine Teezeremonie beschmutzen; neue Utensilien seien würdevoller." Es gibt auch Menschen, die alte Utensilien für selten halten und sie darum schätzen. Sie alle gehen fehl.

Das alte Utensil, das von den niederen Ständen benutzt wurde, hatte soviel Würde, dass es in die Hände einer hoch stehenden Person gelangte. Seine natürliche Ausstrahlung und Würde gewann hohe Wertschätzung. Dasselbe gilt für den Gefolgsmann: Ein Mann von niederer Herkunft, der nun eine wichtige Position hält, gab zuvor Anlass für eine Beförderung – seine Tugend war seinen Aufstieg wert. Wenn andere also nicht mit einem Menschen einfacher Herkunft zusammenarbeiten wollen oder sich zu erniedrigt fühlen, unter einem Mann zu dienen, der bis vor kurzem nur Fußsoldat war, sind sie unverzeihlich fehlgeleitet.

Wenn der niedrig Geborene, der eine vornehme Position erlangt hat, mit mehr Tugend beschenkt ist als derjenige, der schon in diesen Stand hineingeboren wurde, muss der erstgenannte stärker respektiert werden.

RESPEKTVOLLE DISTANZ

Ein Samurai muss bedenken, dass Fürst, Minister und ältere Ratsmitglieder ihn auf respektvolle Distanz halten müssen, damit er etwas Großes unternehmen kann. Wenn diese Menschen sich in seiner Gegenwart gänzlich locker machen und ihn zur Klette werden lassen, wird es schwer für ihn, ein großes Unterfangen zu bestehen.

PERSÖNLICHE BEVORZUGUNG DURCH DEN VORGESETZTEN

Mittels Beziehungen nach persönlicher Begünstigung durch den Vorgesetzten zu streben, schadet dem Charakter. Ein Mann, der durch persönliche Beziehungen und Vergünstigungen gestützt wird, kann nicht seine eigene Meinung äußern. Trotz seines jahrelangen, hart umkämpften Dienstes wird man von ihm verächtlich sagen, er habe wegen seiner persönlichen Bindung zum Vorgesetzten besondere Vorzüge genossen. Das stellt seinen gesamten Dienst in Frage.

HALTE DEINEN MUND

Achte darauf, keine Bemerkungen zu machen, die Widerstand im Zusammenhang mit gegenwärtigen Angelegenheiten hervorrufen. Wenn es Komplikationen gibt, neigen die Menschen zur Aufregung und reden unbewusst von nichts anderem. Solche Bemerkungen, nach denen niemand verlangt hat, können im schlimmsten Fall den sorglosen Sprecher, der seine Zunge nicht im Zaum hält, das Leben kosten. Selbst in milderen Fällen können die Anmerkungen andere mit tief verwurzeltem Groll gegen ihn aufbringen. Um solche Fehltritte zu vermeiden, sollte man in seinem Quartier bleiben und einen Tag mit dem Verfassen von Gedichten oder ähnlichem verbringen.

KÜMMERE DICH NICHT UM DAS GUT ANDERER

(Von Yamamoto Tsunetomo seinem Adoptivsohn Gonnojo erzählt) Junge Menschen zeigen heutzutage einen Hang zur Verweiblichung. Gutmütige, liebenswürdige, leutselige und freundliche Menschen werden gern als wertvolle Männer bezeichnet. Diese Ansicht hält sie dann davon ab, bei jeder Unternehmung aggressiv und unerschrocken zu sein.

Mir scheint, als würden manche Menschen so stark an ihr Gut denken, dass ihr Denken ganz auf dessen Erhalt fixiert ist, während ihr Geist den Schwierigkeiten ausweicht. Du magst es als mein Adoptivsohn für unverzeihlich halten, das unserem Haus zugeteilte Gehalt zu ruinieren, das freilich nicht durch deine eigene Anstrengung, sondern durch Mühe und Leid deines Ziehvaters zusammenkam. Deine Ansicht wäre dann allerdings nicht besser als die gewöhnliche Art des Denkens der anderen.

Meine Idee dazu ist eine völlig andere. Während all der Jahre meines Gefolgsdienstes tauchte nie der Gedanke an mein Gut auf. Da der Lohn letztlich dem Fürsten gehört, müssen wir damit nicht knausern, als wäre er uns. Ich werde sogar mit dem Entzug des Lohnes zufrieden sein, wenn ich noch lebe, oder mit *seppuku*; das schlimmste Ende, das einen Gefolgsmann erwartet, ist eines dieser beiden.

Natürlich ist es demütigend zu sehen, wie Menschen ein Gut durch schändliche Taten ruinieren, z. B. *Bushidô* vernachlässigen, sich ihres Gefolgsnamens als unwürdig erweisen, beim Gefolgsdienst wegen selbstsüchtiger Interessen versagen und andere in viele Schwierigkeiten stürzen. Wenn ein solches Gut verfällt, muss man sich sogar darüber freuen. Hat man es so weit gebracht, strotzt man nur so vor Tapferkeit und Aggressivität und kann alles erreichen.

JEMANDEN BESUCHEN

Ehe man jemanden zu einem kleinen Plausch aufsucht, sollte man den anderen über den geplanten Besuch informieren, sonst könnte man den Gastgeber besorgt und in ungewöhnlichen Schwierigkeiten vorfinden – was das Vergnügen des Besuchers zunichte machen würde.

Im Allgemeinen ist es besser, einen anderen nur zu besuchen, wenn man eingeladen wurde, denn ein echter Freund ist eine Seltenheit.

Selbst wenn man eingeladen wurde, kann ein Besuch in einem deprimierenden und unerfreulichen Treffen enden. Zu oft erlauben zufällige Treffen keine ruhigen Gespräche von Herz zu Herz. Auch aus Treffen zum Zeitvertreib entstehen oft Fehler. Aber selbst wenn man von Unglück und Sorge betroffen ist, sollte man nicht versäumen, Besucher zu empfangen.

SEI NICHT SPRACHLOS

... Wenn jemand, ob betrunken oder einfach nur Unsinn redend, in deiner Gegenwart eine rüde Bemerkung macht, über die du nicht hinweggehen kannst, ist es ratsam, dass du ihm mit ein paar Worten antwortest, um die Situation zu bereinigen. Ein Mann, dessen Geist schnell in Wut entbrennt, ist zu ungeduldig, um mit einer passenden Bemerkung augenblicklich zu kontern, fühlt sich in die Ecke gedrängt und zieht sein Schwert; ein dummer Anblick. Wenn jemand ein Narr genannt wird, sollte er den anderen Idiot nennen.

Hätte Shobei die gespannte Atmosphäre gelockert, als er bei einem Trinkgelage verächtlich gemacht wurde, hätte es weder ein Problem der Scham gegeben, noch wären die beiden Streithähne von Wut übermannt worden. Shobei hätte sagen können: „So sehr ich deinen freundlichen Einwurf auch schätze, ich würde ihn lieber privat hören. In Gegenwart zahlreicher Menschen könnte dein Rat klingen, als würde er mich herabsetzen. Zudem könntest auch du kritisiert werden, wenn ich deinen verächtlichen Bemerkungen lauschen muss. Schließlich ist die eigene Logik, wenn man betrunken ist, oft zerstreut. Darum will ich dir gern zuhören und deinen Rat befolgen, wenn du nüchtern bist. Und nun, nimm ein wenig mehr Sake." Wenn die andere Partei immer noch unvernünftig argumentiert, kann man mit angemessenen Erwiderungen reagieren. Es bleibt anzumerken, dass es einem Trunkenbold schwer fällt, einen Mann von Überzeugung zu einem Disput herauszufordern.

Vor einigen Jahren nannte ein Mann einen anderen, während sie Dienst in der Burg taten, ein „Kreuz" [an dem ein gewöhnlicher Krimineller hingerichtet wurde], was des anderen Wut unabwendbar herausforderte. Der wütende Mann brach zum Haus des Beleidigers auf, um ihn zu töten, als Gorozaemon und Narutomi Kurando, die Nachtdienst in der Burg hatten, den Beleidiger mitten in der Nacht zur Burg kommen ließen, damit er sich bei dem Beleidigten entschuldigte. So bereinigten sie die Sache im Stillen.

Wenn in diesem Beispiel der Beleidigte auf der Stelle geantwortet hätte: „Du bist ein ‚Pfahl' [an dem ein Krimineller lebendig verbrannt wurde]!" wäre nichts Ernsthaftes passiert. Immer stumm zu bleiben, ist feige. Der Effekt angemessener Worte, die an Ort und Stelle geäußert werden, muss im eigenen Geist wohl erwogen werden.

Selbstsüchtige Wünsche beim Einspruch

Shogen sagte: „Eigensüchtige Wünsche sind im Wort *kan* beinhaltet – offener Protest gegen den Fürsten. Solcher Protest sollte im Gefolgsdienst nicht erhoben werden." Niemand weiß, ob er je seinen Fürsten ermahnt hat; noch hat er je wirklich durch reine Logik seinen Fürsten überzeugt. Er hat seinen Fürsten immer im Stillen beeinflusst.

Der alte Großvater von Kazuma hatte nie um eine Audienz ersucht, um Protest gegen seinen Fürsten anzumelden; meist ergriff er eine günstige Gelegenheit, den Fürsten privat zu beraten, wobei seine Worte gern angenommen wurden. Weil niemand davon wusste, traten die Fehler des Fürsten nie zutage.

Den Fürsten durch schiere Logik zu überzeugen, ist unloyal, weil die Absicht dahinter steht, mit der „Loyalität" als Gefolgsmann hausieren zu gehen und den Namen des Fürsten zu besudeln. Wenn der Fürst dem Protest nicht folgt, wird sein Name noch mehr befleckt, des Gefolgsmannes „Loyalität" jedoch publik. Das ist schlimmer, als überhaupt nicht zu protestieren. Wenn der eigene Rat, privat dem Fürsten mitgeteilt, nicht auf dessen sofortige Zustimmung trifft, sollte der Gefolgsmann ernstlich sein Hirn zermartern, um andere effektive Wege zu finden, die Zustimmung seines Fürsten zu erlangen. Der Fürst wird am Ende sicher dem wiederholten Ratschlag beipflichten. Sollte er ständig den Rat ablehnen und mit seinen Übeltaten fortfahren, muss der Gefolgsmann noch stärker zu seinem Fürsten stehen, um dessen Fehler vor dem Bekanntwerden in der Öffentlichkeit zu schützen.

HASTE NICHT DURCHS LEBEN

Jeder versagt manchmal aufgrund seiner Ungeduld bei einem großen Unterfangen. Denke immer: „Die Zeit ist noch nicht gekommen", und du kannst sehen, wie sich deine glühenden Wünsche viel früher als erwartet materialisieren, das heißt in gebührender Zeit. Stell dir vor, wie die Dinge in fünfzehn Jahren aussehen werden. Die Welt mag einschneidend verändert sein, mehr noch, als in Büchern beschrieben, die die Zukunft voraussagen. Keiner der nützlichen Menschen von heute mag die nächsten fünfzehn Jahre überleben; nicht einmal die Hälfte der Jugend von heute mag dann noch leben.

In dieser allmählich sich verschlechternden Welt verlieren Menschen im Laufe der Zeit ihre Fähigkeiten, so wie Silber an die Stelle von Gold als Schatz tritt, wenn die Goldvorräte verbraucht sind, oder Kupfer vor Silber kommt, wenn alles Silber weg ist. Unablässige Anstrengung – von diesem Augenblick an – kann jemanden in fünfzehn Jahren zu einem nützlichen Mann machen, was ja nichts als ein flüchtiger Moment in einem Traum ist. Solange jemand sorgsam auf seine Gesundheit achtet, kann er vielleicht seinen lang gehegten Traum vom Dienst als nützlicher Gefolgsmann für den Fürsten wahr werden sehen. Wenn die Welt voll von herausragenden Männern ist, kann man andere schwer übertreffen; während es in einem Zeitalter, in dem alles verfällt, viel leichter ist, jemand Bedeutendes zu sein.

DIE GESCHICHTE MEINES LEBENS

Ich wurde geboren, als mein Vater bereits siebzig Jahre alt war. Er sagte stets, es würde ihm nichts ausmachen, mich an einen Salzhändler oder jemand anderen zu verkaufen. Als Taku Zusho das hörte, meinte er zu meinem Vater: „Fürst Katsushige erzählt mir immer, dass du dich sogar in deinem Gefolgsdienst übst, wenn du nicht von anderen beobachtet wirst. Dein treuer Dienst wird sicher auch deine Nachkommen dem Fürsten nützlich erscheinen lassen." Dann nannte er mich Matsukame, wonach Edayoshi Rizaemon freundlicherweise den *hakama-tsuke-*

Ritus* an mir vollzog. Im Alter von neun Jahren wurde ich als Knappendiener zu Fürst Mitsushige berufen und mit dem Namen Fukei belegt. Als ich auch Prinz Tsunashige diente, sprang ich gern mit einer Bettdecke auf seine Feuerstelle, ließ ihn mich auf seinem Rücken tragen und veranstaltete allerlei Unsinn. In jedermanns Augen war ich ein echter Bengel.

Als ich 13 wurde, ordnete Fürst Mitsushige den Initiationsritus für mich an. Nach einem Jahr selbstauferlegter Beschränkung in meinem Haus meldete ich mich am 1. Mai des folgenden Jahres als Knappe unter dem neuen Namen Ichiju zurück.

... Gedemütigt von denen, die auf mich als Samurai von niederem Rang herabsahen, versuchte ich seitdem Tag und Nacht herauszufinden, wie ich mich selbst am besten in meinem Dienst anstrengen konnte. Zu dieser Zeit besuchte ich die Residenz von Gorozaemon, um jede Nacht seinen Reden zu lauschen. Eines Nachts sagte er: „Die Alten behaupten, dass der, der von Ruhm und Reichtum angezogen wird, kein Gefolgsmann ist; der, der nicht davon angezogen wird, ist aber auch keiner. Darüber müsst ihr ernsthaft nachdenken." Als ich darüber angestrengt nachsann, sah ich plötzlich meinen Weg offen vor mir liegen. Gorozaemons Unterweisung lehrte mich, dass der höchste Dienst eines Gefolgsmannes – wann immer nötig – das Vorsprechen beim Fürsten zwecks der Sicherung des Clans ist und dass man einen Ministerposten zu diesem Zweck gewinnen muss, anstatt unten in der Hierarchie zu verweilen. Überzeugt davon, dass man Fortschritt nicht zu eigenem Ruhm und Reichtum, sondern zugunsten seines höchsten Dienstes suchen sollte, beschloss ich, Minister zu werden. Der Mann, der bereits in jungen Jahren auf einen hohen Posten befördert wurde, hat sich später stets als unwirksam erwiesen. Darum mühte ich mich tagein, tagaus und konnte mich in meinen Fünfzigern endlich niederlassen, gelbe Tränen vergießend, wenn nicht gar Tränen des Blutes. Diese Übung kann als Prinzip der „*Kakuzo*-Schule"** bezeichnet werden.

Trotz meines tiefen Bemühens verstarb der Fürst, bevor ich den Posten des Ministers innehatte. Diejenigen, die bereits auf die höchsten

---

* Bei dieser Zeremonie wird ein Kind zum ersten Mal in das formelle *hakama*-Gewand gekleidet. Unter den Adligen im 10. Jh. eingeführt, wurde dieser Ritus während der Tokugawa-Zeit sowohl bei den Samurai als auch bei der gewöhnlichen Bevölkerung beliebt.
** Eine *jujitsu*-Schule, die von Kakuzo, einem Angehörigen des Nabeshima-Clans, gegründet wurde. Er lehrte Kampfringen zu praktischen Zwecken und ohne philosophische Grundlage.

Ränge befördert waren, entehrten seinen Namen, wonach ich das wurde, was ich jetzt bin.[*]

Während ich einerseits meinen größten Wunsch nicht erfüllen konnte, als Minister zu dienen, sind auf der anderen Seite meine Jahre beharrlicher Anstrengung in Richtung auf das Ziel vergleichbar mit der letzten Erfüllung. Es ist wahr, wenn ein Mann sich ein Ziel setzt, kann er es auch erreichen.

Diejenigen, um die sich der verstorbene Fürst gekümmert hatte und die nach seinem Tod bestraft wurden, hatten diese Strafe selbst herbeigeführt, weil sie aus Selbsttäuschung handelten, wie ich schon im *Gukenshu*[**] schrieb.

Auch wenn die Geschichte meines Lebens prahlerisch klingt, unergründliches Schicksal hat mich durch mein Leben geführt. Ich enthülle es dir heute in der Stille des Berges.

NEIDISCHE GEFOLGSMÄNNER

Es gab einmal einen Neuling unter denen, die Fürst Naoshige nahe standen, der von diesem besonders bevorzugt wurde. Eines Tages baten ältere Gefolgsmänner um eine Audienz beim Fürsten. Sie sagten zu ihm: „Fürst, es scheint, dass Ihr Euch besonders um den Soundso kümmert, den wir nicht auf dem Schlachtfeld sahen und von dessen Nützlichkeit wir nichts hörten. Könntet Ihr uns die Gründe dafür nennen, warum dieser Mann in Eurem Dienst steht und von Euch bevorzugt wird?"

„Ihr habt recht", erklärte der Fürst. „Dieser Mann ist zwar in Tagen des Kampfes nicht nützlich, aber ich habe Gefallen an ihm gefunden. Ich fühle mich beruhigt, wenn ich ihn für niedrige Arbeiten einsetze. Ich kann doch nicht erfahrene Gefolgsleute wie euch bitten, solch niedere Arbeiten zu verrichten; von euch bin ich in Zeiten des Krieges abhängig."

---

[*] Ein Mönch.

[**] Das Notizbuch, in dem Yamamoto Tsunetomo im Jahre 1708 für seinen Adoptivsohn Kichisaburo die wichtigsten Aspekte des Gefolgsdienstes niedergeschrieben hatte.

EIN TAPFERER GEFOLGSMANN, DER ZUM RÄUBER WURDE

Der verarmte Saito Yonosuke hatte eines Tages kein Geld mehr für Reis, worüber seine Frau lamentierte. Als er ihre Sorge vernahm, verließ Yonosuke das Haus mit den Schwertern in der Hand und sagte: „Obwohl du eine Frau bist, hast du einen beschränkten Geist, dass du dein Herz über einer Kleinigkeit wie dem Wunsch nach Reis verlierst. Es gibt überall Reis für uns. Warte nur ein Weilchen." Dann sah er auf der Straße Bauern mit etwa zehn Pferden, die Reis auf ihrem Rücken trugen.

Yonosuke fragte, wohin die Bauern gingen und sie antworteten, sie seien auf dem Weg zu der Messe in der Burg. „In diesem Fall", sagte Yonosuke, „bringt alles hier entlang und lasst es in meinem Haus. Ich, Saito Yonosuke, brauche Reis für die Beamten. Hierhin und dorthin mit dieser schweren Ladung Reis zu gehen, muss sehr mühsam für euch sein. Lasst den Reis bei mir und zeigt dem Dorfvorsteher dafür meinen Beleg."

Seine Worte konnten die Bauern nicht überzeugen, und sie gingen davon. Wütend zog Yonosuke sein Schwert und hieß sie, anzuhalten. So gezwungen, mussten die Bauern den Reis in sein Haus tragen und mit seinem Beleg nach Hause zurückkehren. Yonosuke zeigte den Reis seiner Frau und prahlte: „Hier sind Berge von Reis. Nimm, soviel du willst."

Dieser Vorfall wurde bald bekannt. Yonosuke berichtete ihn so, wie er sich zugetragen hatte, den Beamten, die den Fall untersuchten. Er wurde für schuldig befunden und zum Tode verurteilt. Fürst Katsushige befahl einem Gehilfen, seinem pensionierten Vater, Fürst Naoshige, die Beweise für Yonosukes Schuld mitzuteilen.

Angesichts dieser Nachrichten wandte sich der pensionierte Fürst — ohne ein Wort an den Gehilfen zu verlieren — an seine Frau: „Du hast gerade gehört, dass Yonosuke hingerichtet werden soll. Wie bedauerlich! Er hat in blutigen Schlachten die Provinz Zizen wie ein Wilder unter Einsatz seines Lebens verteidigt. Das war mehr wert als Japan und ganz China zusammen. Er war einer der wenigen, deren überlegener Dienst unser bequemes, friedliches Leben als Fürst und Fürstengattin ermöglichte. Yonosuke ist ein Mann von unvergleichlicher Tapferkeit, der sich mehrfach auf dem Schlachtfeld auszeichnete. Ich habe ihn in dieses elende Dasein getrieben, in dem er manchmal nichts zu essen hatte. Wie könnte ich selbst am Leben bleiben, wenn ein solcher Gefolgsmann getötet würde?"

Das Paar jammerte über Yonosukes Schicksal, mit Tränen des Grolls in den Augen. Überrascht und hastig zog sich der Gehilfe zurück und informierte Fürst Katsushige über Fürst Naoshiges Gram, so wie er ihn erlebt hatte.

„Wie gütig sie sind", meinte der beeindruckte Fürst Katsushige. „Ich habe ja schon lange einen Weg gesucht, meine Sohnesschuld zu begleichen, wie könnte ich also Yonosuke töten lassen und dadurch meine Eltern quälen, die so viel von ihm halten? Eile und teile ihnen mit, dass er begnadigt wird." Fürst Naoshige faltete, als er dies hörte, seine Hände zum Gebet und verbeugte sich vor der Hauptzitadelle: „Er ist mein eigener Sohn, und ich bin ihm so dankbar für seine Rücksichtnahme. Nichts macht mir mehr Freude als diese Nachricht."

DIE ARROGANZ EINES ALTEN KÄMPFERS

Fürst Katsushige beobachtete das Training auf dem Schießstand, als Saito Yonosuke an der Reihe war. Yonosuke ergriff seine Flinte und gab einen Schuss hoch in die Luft ab. Der Mann an der Zielscheibe informierte den Fürsten folglich: „Es wurde kein Kugelloch gefunden." Yonosuke, der hochmütig dastand, schrie: „Na klar! Es kann niemals gefunden werden. Ich habe mein ganzes Leben lang nie auf die Erde gezielt. Ich hatte aber diese besondere Angewohnheit, keine lebendigen Feinde zu verfehlen, was Fürst Hida, der noch am Leben ist, bestätigen kann."

Das brachte Fürst Katsushige so in Rage, dass er fast bereit war, Yonosuke zu erschlagen, dann aber aus dem Schießstand schritt und zur Burg zurückkehrte. Dieses Geschehen zerstörte die hochgeistige Schießübung. Fürst Katsushige besuchte die Gemächer von Fürst Naoshige bei der dritten Zitadelle und berichtete hitzig, was geschehen war: „Er reizte mich, seinen Fürsten, ganz offen und beschämte mich in Gegenwart vieler Gefolgsleute. Obwohl ich ihn an Ort und Stelle hätte erschlagen können, hat deine langjährige persönliche Vorliebe für Yonosuke meinen Ärger im Zaum gehalten. Sage mir nun, wie ich ihn bestrafen soll."

Fürst Naoshige tobte: „Dein Ärger, mein Sohn, ist sehr berechtigt. Verurteile den Truppenkommandeur augenblicklich zu *seppuku*." Verblüfft erinnerte Fürst Katsushige seinen Vater: „Der Truppenkommandeur trägt keine Schuld. Ich frage dich, wie Yonosuke bestraft werden soll." Fürst Naoshige beharrte: „Ich habe den Truppenkommandeuren erzählt: ‚In dieser langen, ruhigen Regierungszeit neigen die jungen Männer zur Unaufmerksamkeit und vergessen, wie man Waffen handhabt. Wenn das so bleibt, können sie im Notfall nicht ihren Dienst verrichten. Zu Beginn lasst eure Männer Zielschießen im Beisein von Shinano-no-kami* üben.' Das ist gut für junge, untrainierte Gefolgsleute. Aber einen alten Mann wie Yonosuke hinaus auf den Schießstand zu zerren und mit jungen Männern üben zu lassen, ist scheußlich, wofür der zuständige Truppenkommandeur verantwortlich gemacht werden sollte. Yonosuke hatte nämlich recht; ich kann bezeugen, was er sagte. Verurteile den Truppenkommandeur sofort zu *seppuku*." Fürst Katsushige bat inständig um das Leben des Kommandeurs und der Fall geriet in Vergessenheit.

Naoshige vertreibt die Geister

Die heimlichen Liebhaber, die bei der dritten Zitadelle angetroffen worden waren, wurden für schuldig befunden und hingerichtet. Daraufhin erschienen ihre Geister Nacht für Nacht bei eben dieser Zitadelle und erschreckten die Dienstmädchen, die aus Furcht in ihren Quartieren blieben. Die Zitadelle wurde schon lange heimgesucht; darum ließ die Gemahlin des Fürsten, als sie davon hörte, Exorzismus durchführen, eine Messe für die Toten halten und andere Riten vollziehen, doch ohne Erfolg.

Fürst Naoshige wurde über die hartnäckigen Geister informiert und sagte laut: „Gut, das zu wissen. Es war nicht genug, diese verachtenswerten Gestalten zu köpfen. Schön, dass ihre Seelen immer noch umherirren und zu Geistern im See des Leidens werden, ohne Nirvana erreicht zu haben. Mögen ihre Seelen noch lange Geister bleiben!" Seit dieser Nacht erschienen die Geister nie wieder.

---

* Wörtlich ist das der Fürst der Provinz Shinano, steht hier aber als Teil von Fürst Katsushiges Namen (Nabeshima Shinano-no-kami Katsushige).

Lass deinen Clan bereitwillig untergehen

Fürst Naoshige sagte einmal zu seinem Enkel, Fürst Motoshige: „Jedes Haus, ob von hohem oder niederem Rang, muss früher oder später untergehen. In diesem Fall gehst du selbst mit unter, wenn du zu ungeduldig versuchst, aus dieser Klemme heraus zu kommen. Wenn es Zeit für den Niedergang ist, lass deinen Haushalt mit Würde in den Ruin treiben. So vorbereitet, wirst du vielleicht ein, zwei Wege finden, dich selbst von solchem Ruin irgendwie fernzuhalten." Diese Geschichte wurde von Fürst Motoshige seinem Sohn Zenkai-in erzählt.

Aggressiver Geist

Als Prinz Aki-no-kami Fürst Naoshige wegen einer offiziellen Angelegenheit zur dritten Zitadelle rief, musste er erkennen, dass der Fürst nicht da war und niemand wusste, wo er sich befand. Auch beim zweiten Aufruf am nächsten Tag blieb der Fürst verschwunden. Nach sorgfältiger Suche auf dem Gelände der Burg wurde der Fürst schließlich auf dem Aussichtsturm angetroffen.

Der Prinz kletterte sofort hinauf und fragte den Fürsten, was er dort mache. Fürst Naoshige antwortete: „Ein paar Tage lang habe ich die öffentliche Moral unseres Clans beobachtet." Weiter erklärte er auf die Frage, was das bedeute: „Das heißt, Passanten auf der Straße zu beobachten und danach zu analysieren, was ich beobachtet habe. Leider scheinen die Speerstöße der Provinz Hizen in letzter Zeit schwächer geworden zu sein. Ein Mann in deiner Position muss sich merken, was ich hier sage. Die meisten Passanten schauen zu Boden, weil ihr Geist freundlich geworden ist. Ohne gewalttätigen Geist kann aber ein Speerstoß keine Kraft haben. Von einem Mann mit unbeugsamem Herzen, der aber immer alles aufrichtig und ehrlich bedenkt, wird man nicht erwarten, männliche Aufgaben zu erfüllen. Manchmal muss man prahlen und den eigenen Geist aggressiv und sorgenfrei halten, um ein Samurai werden zu können." Hernach, so sagt man, hatte Prinz Aki-no-kami ein großes Mundwerk. *(Diese Geschichte wurde von einem gewissen Nakano erzählt.)*

Der Eid, zurückgezogen zu sterben

Yoko'o Kuranojo, der unübertroffene Meister im Speerkampf, diente Fürst Naoshige und wurde von dessen außerordentlicher Zuneigung gesegnet. Der Fürst pries Kuranojo seinem Enkel Getsudo gegenüber himmelhoch: „Wenn du nur mit eigenen Augen hättest sehen können, wie mutig Kuranojo zu Beginn seiner Jugend in den Schlachten seinem Speer zuredete! Das war ein bewundernswerter Anblick!"

Kuranojo war für die besondere Zuneigung des Fürsten dankbar und bot ihm den schriftlichen Eid an, ihm bei dessen Tod durch *seppuku* in die andere Welt zu folgen. Später geriet Kuranojo in einen Rechtsstreit mit einem Bauern, der vor der Ratsversammlung des Clans verhandelt wurde, die ihn aus hinreichenden Gründen für verantwortlich hielt.

Schäumend vor Wut wandte sich Kuranojo an seinen Fürsten: „Wie könnte ein Samurai, der für einen Bauern geopfert wird, seinem Fürsten durch *seppuku* in die Unterwelt folgen? Bitte entbindet mich von meinem Eid." Da seufzte Fürst Naoshige: „In einem Rechtsstreit gewinnt der eine und der andere verliert. Du bist zwar in den Kriegskünsten bewandert, weißt aber wenig von der Welt. Wie bedauerlich!" Dann gab er ihm den schriftlichen Eid zurück.

Sei ständig wachsam

Fürst Naoshige ging nachts gerne aus, machte es sich aber zur Gewohnheit, solange zu plaudern, bis er nüchtern war, ehe er wieder heimkehrte. Zum Schlafen bereit, zurrte er sein Leintuch fest. Er zog sein langes Alltags-Schwert, inspizierte dessen eiskalte Klinge so, dass sie seine Brauen berührte und steckte sie dann zurück in die Scheide. Dies versäumte er nicht eine Nacht.

Übersieh entwürdigende Taten

Fürst Naoshige schoss auf einer Jagd bei Shiraishi einen wilden Bären. Sein Gefolge rannte unter Worten der Bewunderung für die ungewöhnlich große Trophäe zu dem Wild hin, als der Bär plötzlich aufstand und sich davonmachen wollte. Während die Zuschauer sich verwirrt zerstreuten, zog Nabeshima Matabei sein Schwert und tötete das Tier.

Fürst Katsushige bedeckte derweil sein Gesicht mit dem Ärmel seines Jagdanzugs und sagte: „In meinen Augen ist Staub!" Er war aufmerksam genug, sich nicht den entwürdigenden Anblick der beunruhigten Männer anzuschauen.

DIE VIER ARTEN VON GEFOLGSLEUTEN

„Es gibt vier Arten von Gefolgsleuten: die langsam-schnellen, schnell-langsamen, schnell-schnellen und langsam-langsamen", sagte Fürst Katsushige oft. „Die schnell-schnellen können Anweisungen jederzeit richtig zur Zufriedenheit ihrer Herren ausführen. Dieser beste Typ von Gefolgsmann wird nur selten angetroffen. Fukuchi Kichizaemon kommt diesem Idealtyp nahe. Der langsam-schnelle kann Dinge flink erledigen, auch wenn er nicht gleich die Anweisungen versteht. Männer wie Nakano Kazuma sind von dieser Sorte. Die schnell-langsamen, die schnell die Instruktionen auffassen, brauchen zu lange, um sie auszuführen. Alle anderen sind vom langsam-langsamen Typ."

WIE MAN MÄNNER VON TALENT FINDET

Fürst Katsushige reichte seinem Sohn Mitsushige noch vor der Übergabe der Herrschaft ein Dokument, das Fürst Naoshiges Worte zu zwanzig Themen enthielt. Ich verweise auf eine Unterhaltung, die am 26. Mai zwischen Fürst Naoshige auf seinem Totenbett und seinem Sohn, Fürst Katsushige, stattfand:

„Am wichtigsten ist beim Regieren eines Clans, Männer von herausragendem Talent zu finden", sagte Fürst Naoshige. Darauf fragte Fürst Katsushige: „Sollte man Buddha und den Göttern gegenüber einen Eid ablegen, um gute Gefolgsleute zu bekommen?" – „Nein", antwortete sein Vater, „im Allgemeinen beten Menschen zu Buddha und den Göttern für etwas, das sie nicht aus eigener Kraft erlangen können; gute Männer zu finden steht aber in des Menschen Kraft." Als er noch einmal gefragt wurde, wie man das schaffen könne, sagte er: „Die Dinge haben die Eigenschaft, sich um einen Mann zu versammeln, der sie mag. Wenn zum Beispiel ein Mann, der nie eine Pflanze besaß, zu einem Blumenliebhaber wird, wird er sich nach einer Weile von vielen Blumenarten umgeben finden, manchmal sogar von einer oder zwei seltenen Sorten. Ebenso kann ein Mann, der talentierte Männer mag, sie für sich gewinnen – indem er sie liebt und sich um sie sorgt."

Von Fürst Naoshige ist auch überliefert: „Nichts, was nicht aus Aufrichtigkeit entsteht, kann wirklich nützlich sein."

HALTE DICH NIE FÜR VEREHRUNGSWÜRDIG

Als Fürst Tsunashige mit seinem Vater Katsushige zum ersten Mal von Edo zum Saga-Clan reiste, reihten sich Dorfbewohner zu beiden Seiten der Straße auf, um dem jungen Prinzen bei seinem ersten Clan-Besuch Respekt zu bezeugen. Sie verbeugten sich mit zum Gebet gefalteten Händen vor ihm.

Später sagte Fürst Tsunashige zu seinem Vater: „Sie verneigten sich vor mir im Gebet, als ich vorüberzog." Sein Vater belehrte ihn streng: „Das musst du ernsthaft überdenken. Halte dich nie für heilig und für würdig, von anderen Menschen verehrt zu werden."

GNADE UND MUT

Fürst Tannen sprach: „Der buddhistische Mönch kann keine Erleuchtung im Buddhismus erreichen, wenn er nach außen keine Gnade und nach innen keinen grenzenlosen Mut zeigt; der Samurai kann seine Pflicht als Samurai nicht erfüllen, wenn er nach außen keinen Mut und nach innen keine grenzenlose Gnade zeigt. Buddhistische Mönche erlernen darum Mut durch die Verbindung zu Samurai, während Samurai Gnade in der Gesellschaft von Mönchen erlernen.

Während all der Jahre meiner Reise auf der Suche nach Erleuchtung konnte die Begegnung mit gelehrten, hohen Priestern mir nie bei meiner Übung helfen, nicht ein einziges Mal. Wann immer ich jedoch von heldenhaften Samurai hörte, besuchte ich sie, wie anstrengend die Reisen auch waren, um ihren Gesprächen über *Bushidô* zu lauschen. Das war, wie ich mich genau erinnere, eine große Hilfe auf der Suche nach Wahrheit.

Ein Samurai, der immer bewaffnet ist, kann mit Hilfe der Waffen, die er trägt, auf ein Schlachtfeld stürmen, während der Mönch, der mit nichts als einem Rosenkranz bewaffnet ist, nicht in einen blutigen Wald von glitzernden Speeren und Schwertern rennen kann, weil er nur von einfacher Freundlichkeit und gütigem Geist begleitet wird. Zweifellos bräuchte der Mönch dafür umfassenden Mut. Aus diesem Grund sieht man hohe Priester und ähnliche Menschen manchmal vor ungeheurer Anspannung zittern, wenn sie bei einer großen buddhistischen Messe dem Altar Weihrauch darbringen. Der Mönch muss sich mit großem Mut bewaffnen, der ihn befähigt, die Toten, die ins Leben zurückkehren, zu zertrampeln, und die Verstorbenen aus dem Schlund der Hölle herauszuziehen.

Die Mönche heute begeistern sich für nebensächliche Angelegenheiten, wollen kaum freundlich und sanft werden und sind nicht in der Lage, die wahre Erleuchtung des Buddhismus zu erlangen. Es ist noch bedauerlicher, zu sehen, wie die Mönche Samurai drängen, die buddhistische Erleuchtung zu suchen und sie dadurch zu nutzlosen Feiglingen machen. Für einen jungen Samurai ist es unverzeihlich, ans Studium des Buddhismus zu denken, weil das dazu führen muss, dass er zwei Rollen spielt. Wenn er nicht ausschließlich an den moralischen Prinzipien der Samurai festhält und alles andere vernachlässigt, kann er niemals von Nutzen sein. Nur alte Männer können in ihrem zurückgezogenen Pensionsdasein aus Zeitvertreib buddhistischen Unterweisungen zuhören. Der Samurai, der Tag und Nacht eine schwere Last von Loyalität und Sohnespflicht auf der einen Schulter und Mut und Gnade auf der anderen trägt, kann seinen Dienst als Gefolgsmann erfüllen.

Rufe ‚Fürst, Fürst‘ zur Gebetszeit am Morgen und am Abend und zu jeder Tageszeit; der Verdienst wird nicht kleiner sein, als den heiligen Namen von Amitabha oder von heiligen Schriften anzurufen. Der Wächtergott des eigenen Bezirks verleiht einem, wenn man ihn wertschätzt, das Aussehen eines Samurai. Viele Beispiele aus Vergangenheit und Gegenwart zeigen klar, dass ein Samurai, der mit Mut, aber nicht mit einer gütigen Seele ausgestattet ist, seine Familie in den Ruin treibt.“

DAIZEN, DURCH DEN FÜRSTEN
VON SEINER FRAU GETRENNT

Die Frau von Daizen war eine Tochter des Nabeshima Ichisuke. Nach ihrer Adoption durch Fürst Katsushige wurde sie Daizen übergeben. Zur Zeit der Shimabara-Christenrevolte zog sich Daizen die Missgunst seines Fürsten zu, der ihm seine Frau wegnehmen ließ. Die Frau sandte mehrmals einen Boten zu Daizens Klause, doch er schickte ihre Briefe ungelesen zurück und sagte: „Ich bin von grenzenlosem Mitleid für sie erfüllt, doch es tut im Herzen weh – auch wenn mir niemand dabei zusieht –, die Briefe von der Frau zu lesen, die mir durch meinen Fürsten entrissen wurde."

Später hörte Daizen ganz auf zu essen, nahm zum Trinken Zuflucht und erzählte anderen: „Nun gibt es nichts mehr, wofür ich leben könnte", woraufhin er schon bald Blut erbrach und sein Leben beendete. Danach ließ der Fürst der Witwe 150 *koku** Reis zukommen, um ihren Lebensunterhalt zu sichern.

EROBERN

Narutomi Hyogo sagte: „Erobern heißt, die Verbündeten erobern. Die Verbündeten erobern heißt, sich selbst zu erobern. Sich selbst erobern heißt, die Situation zu erobern und durch Willenskraft zum eigenen Nutzen zu verändern. Solange Körper und Seele eines Mannes nicht wie Stahl gehärtet sind, um zehntausende von Samurai anführen zu können, kann er keinen Sieg über den Feind erringen."

USHIJIMA SHINGORO, DER SICH
NICHT VON SEINER FRAU TRENNTE

Ushijima Shingoro diente stets in der Nähe von Fürst Tsunashige, der ihn mochte und sich ihn geschickt zunutze machte. Als man herausfand, dass Gondo Shichibei, der ältere Bruder von Shingoros Frau, mehrfach in einem Haus von schlechtem Ruf verkehrt hatte, verurteilte man ihn in Edo zum Tode. Fürst Tsunashige statuierte ein Exempel

---

* 5 Scheffel Reis entsprechen einem *koku* (1 Scheffel=36,37 l).

und stellte alle Verwandten von Shichibei unter Hausarrest. Shingoro, Schwager des hingerichteten Shichibei und Mitglied des Edo-Lehens dieses Clans, wurde zum Clan zurückgesandt und drei Jahre unter Hausarrest gestellt.

Während seines Hausarrestes rieten ihm seine Verwandten und befreundete Gefolgsleute derselben Kampfeinheit wiederholt: „Lass dich um Himmels willen von deiner Frau scheiden, dann wird man dich in den Dienst zurückholen. Wie kannst du so überleben, mit diesem Hungerlohn von nur vier *koku* Reis?" Gänzlich unbeeindruckt erwiderte Shingoro fest: „Ich lasse mich nicht von meiner Frau scheiden, und zwar nicht, weil meine Zuneigung zu ihr mich übermannt, sondern weil ich meine Pflichten und meine Ehre als Samurai verraten müsste, um mich von meiner Frau scheiden lassen zu können, die unschuldig ist. Nun, wo wir uns fürs Verhungern entschieden haben, lasst uns bitte allein."

ERWEITERTER MUT

Oki Zen-Hyobu pflegte nach einem offiziellen Treffen seiner Leute stets zu sagen: „Junge Männer, richtet euer Herz auf die Kultivierung des Mutes. Richtet euren gesamten Geist auf den Mut, und ihr erlangt ihn. Wenn euer Schwert in einer Schlacht zerbricht, kämpft mit euren Armen; wenn eure Arme abgeschlagen werden, ringt euren Gegner mit euren Schultern nieder; wenn eure Schultern verletzt sind, könnt ihr immer noch zehn bis fünfzehn Köpfe eurer Feinde mit eurem Mund abbeißen."

TAKTVOLLE ENTSCHULDIGUNGEN

Bei einer Schlacht in Korea sah Fürst Naoshige von einer Anhöhe, wie seine Krieger sich ausruhten und ihre Schutzhelme nicht trugen. Wutentbrannt rief er einem Gehilfen zu: „Wie taktlos sie sind, so ihre Waffen beiseite zu legen! Lauf zu ihnen und finde heraus, wer zuerst seinen Schutzhelm ablegte. Er soll dafür bestraft werden!"

Als die Krieger von den Worten des Fürsten hörten, waren sie geschockt und wussten nicht, wie sie sich erklären sollten. Koyama Heigozaemon meinte schließlich zum Gehilfen des Fürsten: „Alle zwanzig Krieger schauten einander an und nahmen ihre Helme gemeinsam ab."

Als der Gehilfe dies dem Fürsten Naoshige berichtete, sagte der: „Wie schlau sie sind und sich herausreden! Das war sicher Koyama Heigozaemons Idee." Koyama ist der Sohn von Ryuzoji Umedayu und für seine unübertroffene Tapferkeit bekannt.

DAS GESICHT DES FÜRSTEN WAHREN

Als Fürst Katsushige einen Gast unterhielt, wurde Kranichfleisch serviert. „Ich hörte, dass du weißen und schwarzen Kranich und andere Arten nur an ihrem Geschmack unterscheiden kannst", sagte der Gast. „Ist das wahr?"

Fürst Katsushige bejahte, und der Gast fragte ihn, welche Art von Kranich an diesem Tag serviert wurde. Der Fürst antwortete: „Es war ein *mazuru* [reiner Kranich]." Der Gast zweifelte aber immer noch und wollte jemanden aus der Küche des Fürsten fragen. Daraufhin hieß der Fürst den Koch Fukuchi Kichizaemon, Bericht zu erstatten.

Kichizaemon bekam dies mit, eilte in die Küche, ergriff eine Riesenschale Sake und kippte sie ab; das wiederholte er zügig Schale um Schale. Nachdem man mehrmals nach ihm gerufen hatte, erschien er schließlich vor dem Fürsten und dem Gast. Der sturzbetrunkene und sprachlose Kichizaemon konnte, als ihn der Gast befragte, nur unverständliche Worte brabbeln wie: „Aah, daas wa w-w blu-blu, eiiin raiine bluuna Kraanisch." Der Fürst entließ ihn mahnend: „Du bist zu betrunken. Geh zurück in die Küche."

EINE STUPIDE ARBEIT

Yamamoto Tsunetomo gönnte sich als Jugendlicher eines Abends in der Burg einen Schlummertrunk, als Ikuno Ayabe zu ihm sagte: „Ich wurde von Nakano Shogen gebeten, mit dir über die grundlegende Haltung beim Gefolgsdienst zu reden, und tue das nun als dein Freund.

Ich weiß nichts Besonderes, außer, dass jeder seinen Dienst gut verrichten kann, wenn alles glatt läuft, dieselbe Person aber ihren Mut verliert, wenn sie niedere Schindereien verrichten muss. Das ist keine gute Einstellung; das ist gänzlich abzulehnen.

Ein Mann in einer angenehmen Position sollte, wenn man ihn Wasser holen und Reis kochen lässt, noch härter als befohlen arbeiten, ohne darüber zu grübeln. Da du noch jung und großspurig bist, gib darauf besonders Acht."

Sei vor allem vital

Yamamoto Zen-Jin'uemon pflegte seine Männer auf einfache Art zu ermutigen: „Geht spielen und spinnt einen Haufen Lügen. Solange jemand nicht sieben Lügen erzählen kann, während er einen *cho** läuft, kann man von ihm nicht erwarten, irgendetwas als wahrer Mann zu erreichen." Diese Worte entstammten seiner Überzeugung, dass wohlerzogene Männer von vernünftigem Denken dieser Tage keine Großtat vollbringen könnten, wo doch Kriegsgeist die einzig wichtige Tugend war, die von einem Samurai verlangt wurde. Er ließ die Leute, die sich nachlässig verhielten, so zurück, wie sie waren, gab vor, ihr unschickliches Benehmen nicht zu bemerken und sagte sich: „Ich habe etwas Tugendhaftes getan."

Sagara Kyuma war ein anderes Beispiel. Er vergab seinen Männern, die gestohlen, die Ehe gebrochen und anderes angestellt hatten, und er wandelte sie schrittweise in brauchbare Menschen um. Er meinte: „Männer dieser Art können sich am besten zu nützlichen Menschen entwickeln."

Halte den jungen Prinzen davon ab,
vom Buddhismus infiziert zu werden

Prinz Tsunashige, der seinem Vater, Fürst Mitsushige, nachfolgen sollte, ersuchte den Priester Cho'on vom Berg Kokuryu um Anleitung beim Studium des Buddhismus. Nachdem er seine Augen für die Lehren des Buddhismus geöffnet hatte, wurde er für ein Zertifikat fortgeschrittenen Lernens vorgeschlagen, was sich zu einer ständigen Quelle des Spottes unter den Leuten seines Quartiers entwickelte.

---

* Ca. 110 Meter.

Yamamoto Gorozaemon, damals einer der Gehilfen von Fürst Tsunashige und seines Zeichens Clan-Inspektor, suchte den Priester Cho'on in seiner Residenz auf, als er von diesen Gerüchten hörte. Gorozaemon war fest entschlossen, seine Meinung zu sagen und – falls seine Bitte auf taube Ohren stieße – Cho'on mit einem Schwerthieb niederzustrecken.

Der Priester Cho'on, der ihn für einen gewöhnlichen Gläubigen hielt, trat in seiner einstudiert friedvollen Art auf ihn zu, als Gorozaemon sagte: „Ich muss etwas streng Vertrauliches mit Euch besprechen. Bitte schickt Eure Gehilfen aus diesem Raum." Dann näherte er sich Cho'on und sagte entschlossen: „Man behauptet, dem Prinzen Tsunashige würde ein Zertifikat für fortgeschrittenes Lernen wegen seines guten Verständnisses des Buddhismus verliehen. Ihr seid ja in der Provinz von Hizen geboren und darum wohl mit der Familientradition von Ryuzoji-Nabeshima vertraut. Im Gegensatz zu anderen Lehen wird unser Clan, der über Generationen von der Familie geleitet wurde, vom Fürsten und seinen Männern verwaltet, die sich gegenseitig helfen. Niemals gab es in der Geschichte der Nabeshima-Familie irgendeinen Kopf des Clans, der solch ein Zertifikat für fortgeschrittenes Lernen im Buddhismus erhalten hätte. Wenn dieses Zertifikat irgendwie ausgestellt würde, wäre der Prinz von der Idee besessen, er hätte Erleuchtung erlangt, würde die Meinung seiner Männer als Unfug abtun und nur unglückliche Zwietracht zwischen sich und seine Gefolgsleute säen. Leute von hohem Stande neigen sowieso schon dazu, eingebildet zu sein, also haltet bitte nicht daran fest, ihm das Zertifikat zu geben. Wenn Ihr meinen Wunsch ablehnt, werdet Ihr den morgigen Tag nicht mehr erleben."

Der Priester wurde bei den Worten des Besuchers blass, gewann dann seine Haltung wieder und erwiderte: „Wie bewundernswert deine Absichten sind! Ich verstehe nun die Umstände deines Clans gut. Du bist ein wahrhaft loyaler Gefolgsmann." – „Ich kenne deinen Trick", unterbrach Gorozaemon, „ich bin nicht gekommen, um gelobt zu werden; ich kam hierher, um sicher zu gehen, dass du diese Zertifikat-Geschichte sein lässt." Da versicherte Cho'on ihm: „Dein Wunsch ist einleuchtend. Unter keinen Umständen werde ich ihm je irgendeine Belohnung für seine Studien zukommen lassen." Gorozaemon bestärkte den Priester noch einmal in dieser Absicht und ging davon.
(Diese Geschichte wurde Yamamoto Tsunetomo von Gorozaemon selbst erzählt.)

Sei auf das Ende
der Nabeshima-Herrschaft vorbereitet

Anju Doko, Nachkomme des Ishimi-no-kami und dem Ogi-Clan zugeteilt, sagte: „Menschen halten gerne Zusammenkünfte ab, um gemeinsam zu essen und zu trinken. Das nutzt niemandem. Bei solcher Gelegenheit werden Menschen mit einem bisschen Verstand oft dabei ertappt, wie sie ihren Fürsten und seine Minister irgendwelcher Missetaten bezichtigen. Oberflächlich betrachtet scheint solche Kritik lobenswert, doch bloßes Jammern hilft überhaupt nicht.

Wenn Fürst oder Minister sich falsch verhalten und der Clan aufgrund der Missverwaltung durch die Nabeshima-Familie auf Anweisung des Shogunats von einem anderen Fürsten übernommen wird, müssen die Erbvasallen darüber nachsinnen, wie sie die Nabeshima-Familie nach Zeiten der Fremdherrschaft durch auswärtige Fürsten wieder in ihrem Lehen einsetzen können. Zu diesem Zweck muss ein jüngerer Sohn des Fürsten im Voraus zum Priester werden. Auch jeder Gefolgsmann muss seine Söhne zu Bauern oder Priestern machen. Nachdem der neue Herrscher in unser Lehen gekommen ist, müssen diese Priester und Bauern sich zusammentun, ihn zu Fehlern und Schmach verleiten und diese öffentlich machen, damit das Shogunat ihn vertreibt.

Nach der Verdrängung aufeinander folgender Herrscher müssen die Priester und Bauern das Shogunat bitten: ‚Die Provinz Hizen, die seit Generationen von der Nabeshima-Familie regiert wurde, sehnt sich nach den Nabeshima-Fürsten und ist nicht bereit, Außenstehende als Herrscher zu akzeptieren. Wenn der Nachkomme der Nabeshima-Familie, der nun ein Priester ist, in sein weltliches Leben zurückkehren dürfte, um das Hizen-Gebiet zu regieren, würden wieder Frieden und Ordnung im Clan gedeihen.‘ Auf diesem Wege könnte die Nabeshima-Herrschaft wiederhergestellt werden."

Anju Doko selbst, so vernahm ich, machte seinen zweiten Sohn zum Priester und seinen dritten zum Bauern.

OIBARA*, DAS EINEM GEFOLGSMANN AUFGEZWUNGEN WIRD

Als eine Pflegetochter von Fürst Takanobu mit Fürst Hata Mikawa-no-kami aus der Provinz Karatsu verheiratet werden sollte, erschien dessen Gefolgsmann Yanami Musashi-no-kami als Begleitung für die Prinzessin nach Karatsu. Doch sie war krank geworden und schwebte zwischen Leben und Tod. „Weil meine Anweisung lautet, die Braut nach Karatsu zu begleiten", sagte Musashi-no-kami, „bin ich verpflichtet, ihr durch *seppuku* in die andere Welt zu folgen, wenn sie nicht gesundet." Vergeblich versuchten die Menschen, ihm seinen einmal gefassten Entschluss wieder auszureden. Die Minister von Fürst Takanobu diskutierten den Fall und beschlossen: „Wenn niemand aus unserem Clan *seppuku* begeht, um der Prinzessin in den Tod zu folgen, wird der Ruf des Clans getrübt. Dennoch scheint es niemanden zu geben, der sich selbst in der Art des *oibara* töten will, wenn er darum gebeten wird – mit Ausnahme von Hashimoto Shogen."

Der arme Shogen wurde vor die Minister bestellt und angewiesen: „Auch wenn es offensichtlich sehr viel verlangt ist, wird dir hiermit befohlen, beim Tod der Prinzessin *seppuku* zu begehen." Shogen entgegnete: „Das ist ein Blitz aus heiterem Himmel! Ein Mann von meinem niederen Stand kann solch einer ernsten Angelegenheit kaum gerecht werden, die einen entscheidenden Einfluss auf den Ruf des Lehens haben wird. Es wäre angebrachter, wenn Eure ruhmreichen Herrschaften auf den führenden Positionen durch *seppuku* sterben würden. Dennoch werde ich Eurem Befehl Folge leisten."

Dann ging er direkt zu dem Gasthaus, in dem sich Musashi-no-kami aufhielt, und informierte ihn: „Ich bin tief in der Schuld der Prinzessin und werde ihr durch *seppuku* in den Tod folgen, wenn sie stirbt." Glücklicherweise erlangte die Prinzessin ihre volle Gesundheit wieder und Shogen musste nicht sterben. Die Hochzeit verlief problemlos.

---

* Eine Art des *seppuku*, die den Sinn hat, „den Namen des Clans vor Schande zu bewahren".

Verlasse dich nicht auf die Götter

Nabeshima Shima bat seinen Vater Nabeshima Aki-no-kami einst um Erlaubnis, den Atago-Gongen-Schrein in Kyoto besuchen zu dürfen. Der Vater fragte nach, aus welchem Grund. Der Gehilfe des Sohnes, der die Bitte überbracht hatte, antwortete: „Mein Herr möchte die Götter des Krieges um Erfolg auf dem Schlachtfeld bitten." Zornentbrannt rief der Vater: „So etwas ist völlig unnötig. Warum um alles in der Welt sollte der Mann, der die Nabeshima-Familie auf dem Schlachtfeld anführen soll, sich auf Atago Gongen verlassen? Wenn Atago Gongen dich mit dem Feind belastet, schlage den Gott entzwei und führe deine Krieger, um den Feind zurückzuschlagen."

Unterdrücke die Eitelkeit eines fähigen Mannes

Fürst Katsushige wollte schon lange aufgrund Kuno Ichiuemons ausgezeichneten Dienstes dessen Lohn erhöhen, zögerte aber, die Angelegenheit vor seinen Schwager Mondo zu bringen, der Ichiuemon nicht leiden konnte.

Als Fürst Katsushiges Besuch zu Ehren von Ichiuemon in dessen Residenz vorbereitet war, informierte Mondo den Fürsten: „Ichiuemon war dem Clan von großem Nutzen, eine Lohnerhöhung scheint sehr angebracht." Fürst Katsushige war voller Freude über diese Worte und rief sofort Ichiuemon herbei: „Ich bin erleichtert, dass Mondos bittere Gefühle dir gegenüber sich entscheidend verändert haben. Besuche ihn, um deinen Dank auszudrücken."

Hocherfreut ging Ichiuemon direkt zu Mondos Residenz, wo er Mondos Diener seinen herzlichen Dank aussprach für die aufmerksame Empfehlung der Lohnerhöhung und für die dreihundert Matten, die dazu dienen sollten, den Besuch des ehrwürdigen Fürsten in Ichiuemons Haus vorzubereiten. Nachdem er von seinem Diener über diese Worte unterrichtet worden war, bat Mondo Ichiuemon herein und sagte offen: „Du hast dich in deinem Dienst ausgezeichnet – darum habe ich dem Fürsten eine Lohnerhöhung vorgeschlagen. Der Fürst sollte dein Haus mit einem würdevollen Besuch beehren – darum habe ich dir die Matten geliehen. Das sind meine Gründe, sonst keine. Ich kann mich absolut nicht erinnern, mit dir Frieden geschlossen zu haben. Geh nun und komm nicht wieder her. Was die Matten angeht, lass sie mir danach zurückbringen." Bald darauf gab Ichiuemon die Matten zurück.

Später, als seine Tage gezählt waren, rief Mondo Ichiuemon an sein Bett und gestand: „Du bist ein sehr talentierter Gefolgsmann. Deine Eitelkeit und Arroganz haben dich aber oft getäuscht. Darum habe ich dich mein ganzes Leben unter dem Deckmantel der Feindschaft beobachtet. Weil es nach meinem Tod niemanden geben wird, der dich zurechtweist, versuche dich selbst so sehr wie möglich zu bescheiden und dem Fürsten noch stärker zu dienen." Man sagt, Ichiuemon sei unter Tränen der Dankbarkeit nach Hause gegangen.

EIN TAPFERER MANN IN SEINEN LETZTEN AUGENBLICKEN

Während des Aufenthalts des Fürsten in der Provinz Saga spielte Ishii Jinzaemon, der auf dem Edo-Gut des Clans stationiert war, mit Ishii Mokunosuke und gewann dessen Schwerterpaar. Als dieses Spiel ans Tageslicht kam, wurden die beiden Männer zu *seppuku* verurteilt. Matsuo Kihei, der Sicherheitsbeamte des Gutes, wurde ebenfalls zum Tode in Edo verurteilt und seinem Vater Jurodayu, der mit seinem Sohn auf dem Gut diente, wurde der Gefolgsdienst entzogen.

Jinzaemon wurde zum Lehen zurückgerufen und nach der Befragung in eine Zelle gesperrt. Als er vor Gericht gebracht wurde, soll er den Ratsmitgliedern im Detail von dem Spiel erzählt und gesagt haben: „Mein Fehler hat mich ins Gefängnis gebracht, wo ich auf die kommende Strafe warte. Ich habe nichts, worauf ich mit Bedauern zurückschauen könnte. Nur eines quält mich Tag und Nacht: Ein kleines Loch unter der Dachrinne wird durch Ketten gesichert. Zu meinem großen Verdruss glauben die Menschen, dass ein Samurai in meiner Situation die kleine Öffnung unter der Dachrinne zur Flucht nutzen würde."

Am Tag der Exekution rief Fuji Kaheiji den Jinzaemon zu der Stelle des Tempels, an der *seppuku* begangen werden sollte. Jinzaemon trank mit Kaheiji Abschiedstassen voll Sake, biss ein wenig *Taro** ab und flüsterte: „Wird das nicht herausfallen, wenn ich geköpft werde?" Obwohl Kaheiji verneinte, legte es Jinzaemon beiseite und sagte: „Ich spüre einen Kloß in meiner Kehle und kann ihn nicht hinunterschlucken. Das

---

* Der *Taro*: stärkehaltige Knolle eines Aronstabgewächses.

würde doch unschön aussehen, wenn etwas im abgeschnittenen Teil steckte."

Dann vertraute er sich Kaheiji an: „Ich bin zwar stolz auf meine unübertroffene Tapferkeit gewesen, für die ich berühmt war, doch am Ende bin ich nur ein Feigling. Wenn ich mich unansehnlich beim *seppuku* krümme, möchte ich schnell geköpft werden, bevor ich, entgegen meiner üblichen Prahlerei, zu viel Feigheit zeige. Ich höre, dass das gewöhnliche Selbst eines wahrhaft tapferen Mannes sich niemals ändert, wenn er mit dem Tod konfrontiert wird. Mein ruhiges Selbst hat sich bis letzte Nacht, als ich hierher gebracht wurde, nie geändert. Zu meinem großen Bedauern änderte es sich jedoch von jenem Moment an." Otsuka Sadasuke half Jinzaemon als Sekundant beim *seppuku*. Laut Kaheiji war Jinzaemons Haltung in seinem letzten Moment außerordentlich lobenswert.

DIE EIGENE FRAU ERSCHLAGEN, WENN SIE EHEBRUCH BEGEHT

Ein Samurai kam eines Tages heim und erwischte seine Frau und einen Hausgefolgsmann beim Ehebruch im Schlafzimmer. Der Mann floh in die Küche, der Ehemann aber zog sein Schwert und erschlug seine Frau. Dem Hausmädchen erklärte er: „Um meinen Kindern keine Schmach zu bereiten möchte ich, dass meine tote Frau so behandelt wird, als sei sie an einer Krankheit gestorben. Ich benötige deine entschlossene Hilfe. Wenn du auch nur einen Moment zögerst, sollst du hier als Komplize dieses Verbrechens sterben." – „Solange mein Leben verschont wird, mein Herr, werde ich mein Bestes tun, um die Wahrheit unentdeckt zu lassen", versicherte das Hausmädchen. Der Körper der Frau wurde dann in Ordnung gebracht, und es wurden Decken darüber gelegt.

Nachdem der Samurai ein paar Mal nach dem Arzt gesandt hatte, schickte er diesem eine Nachricht, dass die Frau verstorben sei und er nun nicht mehr kommen müsse. Der Onkel der Frau, der zum Haus bestellt und kurz davon unterrichtet wurde, was passiert war, fügte sich in die notwendigen Schritte, die zu tun waren. So wurde die Ursache für den Tod einer plötzlichen Krankheit zugeschrieben, und die Wahrheit wurde seitdem wohl verborgen. Später wurde der schuldige Gefolgs-

mann aus dem Hause entlassen. Dieses Ereignis soll sich in Edo abge-
spielt haben.

Ein Samurai, dem von einem Kampf abgeraten wurde

Während des Aufenthalts des Fürsten in Edo beleidigte ein be-
stimmter Gefolgsmann, der zu Macht gekommen war, unter dem
Deckmantel offizieller Geschäfte einen Samurai. Der beschimpfte Samurai quittierte den Dienst, ohne ein Wort zu sagen. Seine Haltung
beeindruckte andere, weil er ganz offensichtlich vorhatte, den ausfällig
gewordenen Vorgesetzten zu töten. Darum lud ihn ein Älterer zu sich
ein und sagte: „Ich klage dich nicht an, wenn du mit ihm durch das
Schwert ins Reine kommst. Wenn du meine ungefragte Meinung ent-
schuldigst – dein Groll entstand aus einer falschen Sicht des Gefolgsdienstes.

Der Fürst hängt in Zeiten der Not von unserem hervorragenden
Dienst ab und handelt in Friedenszeiten daher ein bisschen gleichgültig
uns gegenüber. Auf der anderen Seite hält er sich einen Mann als Spei-
chellecker, dessen Aufgabe es ist, ,des Fürsten Arsch zu wischen'. Dieser Bastard erkennt das nicht und ist von seinem Dienst in der Nähe
des Fürsten und seinem Zugang zur Macht so eingenommen, dass er
anderen gegenüber ungehörige Worte äußert. Ich denke, er wird nur
deshalb in der Nähe des Fürsten geduldet, weil er wie eine Fliege auf
dessen Kopf ist.

Für einen Mann, auf dessen Dienst in Krisenzeiten der Fürst vertraut,
ist das Töten eines solchen Narren nicht besser als eine Rauferei mit
einem Leprakranken, der einen Stock in der Hand hält. Noch schlimmer, würdest du ihn totschlagen, würdest du bestraft und nicht verfüg-
bar sein, wenn dich der Fürst dringend braucht. Wenn du das verstehst
und es für besser hältst, ihn zu töten, bist du ein Gefolgsmann im
wahrsten Sinne. Du bist frei, zu tun, wonach dir dein Sinn steht. Dieser
beiläufige Gedanke von mir sollte dich nicht von dem abhalten, was du
tun willst." Woraufhin der Samurai auf den Totschlag verzichtet haben
soll.

Die Ehefrau, die von einem Diener umworben wurde

Als eines Tages Tashiro Riuemon unterwegs war, gestand ein Diener des Hauses dessen Frau: „Obwohl ich mir selbst viele Male von diesem unverzeihlichen Akt abgeraten habe, dir meine unrechtmäßige Liebe zu gestehen, bin ich doch blind und jenseits aller Kontrolle im Feuer der Liebe gefangen." Wutentbrannt schimpfte die Frau mit ihm, doch er ließ nicht locker. Schließlich sagte sie: „Wenn deine Liebe so stark ist, kann ich sie dir nicht ausreden. Geh in den Holzschuppen, und ich werde dein Verliebtsein erwidern."

Seine Freude kannte keine Grenzen, und er versteckte sich im Holzschuppen. Sie versicherte ihm, sie würde ihm folgen, nachdem sie die vorderen Zimmer gereinigt hätte, aber sie schloss ihn ein und wartete auf Riuemons Rückkehr. Bei seiner Ankunft erzählte sie, was geschehen war, woraufhin der arme Diener, aus dem Schuppen gezerrt, die Geschichte gestand und von Riuemon erschlagen wurde.

Diese Zeiten tragen keine Schuld

Okubo Doko bemerkte einst: „Die Menschen sagen, diese korrupte Zeit könne keine meisterliche Hand hervorbringen. Ich stimme nicht zu, denn dieser Tage sind ausnahmslos edlere und schönere Päonien, Azaleen, Kamelien und ähnliches gezüchtet worden. Das scheint zu belegen, dass die Schönheit der Dinge von der liebevollen Aufmerksamkeit der Menschen abhängt. Wenn also meisterliche Leistungen hochgeschätzt werden, müssen auch in diesen Tagen Meister auftauchen. Es ist traurig, dass die Menschen dieses Zeitalter als degeneriert betrachten und sich nicht bemühen. Die Zeit ist nicht schuld, sondern der Mangel an stetiger Übung."

Eine Ehefrau drängt ihren Mann, seine Ehre zu verteidigen

Als ein Gefolgsmann namens Takagi einige Bauern erschlug, machte seine Frau ihren Einfluss geltend.

Takagi hatte eines Tages eine heftige Auseinandersetzung mit drei Bauern aus der Nachbarschaft und wurde in einem Reisfeld niedergeschlagen und übel zugerichtet. Nachdem er sich heimgeschleppt hatte, fragte ihn seine Frau, ob er vergessen hätte, als Samurai zu sterben. Der Mann verneinte vehement, woraufhin sie hinausging und über die Schulter zurückrief: „Ein Mensch muss früher oder später einmal sterben. Es gibt viele Wege zu sterben: durch Krankheit, durch *seppuku*, durch Exekution mit auf dem Rücken verbundenen Händen usw. Ich bin gedemütigt, wenn ich dich schändlich sterben sehen muss."

Nach einer Weile kehrte sie nach Hause zurück und brachte ihre beiden Kinder früh zu Bett. Als diese eingeschlafen waren, bereitete sie eine Fackel vor, zog sich für einen Kampf im Dunkeln an und bedrängte ihren Mann: „Gerade habe ich die drei Männer bei einem Treffen gesehen. Nun ist die Zeit reif. Bitte komm." Sie ging ihrem Mann voraus, mit der Fackel in der Hand und einem kurzen Schwert bewaffnet und brach in das Haus der Bauern ein. Gemeinsam hieb das Ehepaar auf die Bauern ein, tötete zwei von ihnen und schlug den dritten mit Verwundungen in die Flucht.

Der Ehemann wurde zum Tode durch *seppuku* verurteilt.

DER FESTE RUF DES *BUSHIDÔ*

Ein Vasall von Matsudaira Sagami-no-kami, dem Fürsten von Tottori in der Provinz Inaba, wurde nach Kyoto gesandt, um Gelder für den Clan zu sichern. Eines Tages verließ er sein gemietetes Haus in der Stadt, um Passanten auf der Straße zu beobachten, als er einen Mann reden hörte: „Man sagt, die Samurai, die in diese Randale verwickelt sind, seien Gefolgsleute von Matsudaira Sagami-no-kami." – „Dieses Gerede, dass meine Weggefährten in Raufereien dieser Nachbarschaft verwickelt sein sollen, beunruhigt mich", dachte der Vasall. „Der Ersatz für unsere Gefolgsleute auf dem Edo-Lehen des Clans hält sich zurzeit hier zur Erholung auf und ist wohl in diesen Kampf verstrickt", sprach er nachdenklich zu sich selbst.

Von dem Passanten erfuhr er, wo die Auseinandersetzung stattfand, eilte atemlos zu der Stelle hin und fand alle seine Kameraden niedergestreckt und bereit für den Gnadenstoß. Er forderte sofort die zwei Gegner heraus, tötete sie und kehrte in sein Haus zurück. Die Verwaltungszentrale hörte von dem Vorfall und lud ihn vor Gericht. Als er gefragt wurde, ob er seinen Freunden in der Rauferei beigestanden und damit das Gesetz übertreten hätte, antwortete er: „Für einen Mann der Provinz wie mich klingt Eure Beamtenlogik zu schwierig. Würde es Euch etwas ausmachen, sie zu wiederholen?"

Die wütende Belegschaft des Magistrats fauchte: „Hörst du schlecht? An dieser Rauferei teilgenommen und Blut vergossen zu haben, ist ein klarer Bruch von Gesetz und Moral, oder etwa nicht?" Der beschuldigte Gefolgsmann entgegnete darauf: „Langsam dämmert mir Ihre Logik, mein Herr. Auch wenn Ihr unterstellt, dass ich Gesetz und Moral verletzte, habe ich das doch nie getan. Kein lebendes Wesen, schon gar kein Mensch, will sein Leben verlieren. Ich halte mein Leben für besonders wertvoll. Doch nach der Mitteilung, meine Gefährten seien in einen Straßenkampf verwickelt, empfand ich es als Verletzung des *Bushidô*, diese Nachricht zu ignorieren, ohne irgendetwas zu tun und rannte zum Ort des Geschehens. Wenn ich so schamlos gewesen wäre, meinen niedergestreckten Freunden den Rücken zuzukehren, würde ich zwar leben, das *Bushidô* aber sterben. Darum habe ich mein geliebtes Leben aufgegeben, um dem Ehrenkodex der Samurai zu folgen und der Moral der Samurai zu genügen. Weil ich mein Leben schon zur Zeit des Straßenkampfes aufgab, wäre mir nun eine schnelle Bestrafung recht."

Der Magistrat war tief bewegt, als er dies hörte. Die Akte wurde ohne weitere Umstände geschlossen, und der Magistrat informierte Sagamino-kami, dass er einen tüchtigen Gefolgsmann habe, den man hochschätzen müsse.

WIE MAN IN DISKUSSIONEN GEWINNT

Wenn man zu einer entschiedenen Antwort bei einem Rechtsstreit oder einer Kontroverse gedrängt wird, sollte man Zeit gewinnen mit Worten wie: „Ich werde dir meine Antwort nach angemessener Überlegung erteilen." Danach sollte man außerdem ergänzen: „Ich möchte über diese Sache noch weiter nachdenken", um ein bisschen Luft zu haben.

Ein Samurai kann verschiedene Arten von Menschen um Rat fragen und dabei die gegebenen Umstände berücksichtigen. Ein weiser Mann mag ihm unerwartete Weisheit anbieten, während eine Geschichte, wenn sie einmal Ignoranten offenbart wurde, weit verbreitet wird und viel Gerede erzeugt.

Wenn jemand seinem männlichen oder weiblichen Diener von dem aktuellen Sachverhalt erzählt und häufig einwirft: „Die andere Seite besteht *darauf*, ich dagegen *hierauf*", kann er sich zum einen selbst damit erleichtern und andererseits sicher sein, im entscheidenden Moment die viel geübten Worte so darzubringen, dass sie ausgewogen wirken. Wenn jemand alles mit sich selbst ausmacht, wird er eher mit seinen Argumenten scheitern.

Rede auf jeden Fall mit anderen über jedwede Angelegenheit. Kannst du keine weisen Männer um Rat fragen, wird dir deine eigene weise Lösung in den Sinn kommen, wenn du den Sachverhalt mit deiner Frau und deinen Kindern diskutierst. Das, sagt Mura Josui, kommt allein von der Weisheit des Alters.

Es ist ratsam, dem Gegner zuvorzukommen, indem man ausspricht, was man definitiv zu sagen hat. Wenn die Worte zu spät und zu einem weniger geeigneten Zeitpunkt ausgesprochen werden, klingen sie wie Entschuldigungen. Außerdem bestätigt man besser wichtige Punkte nach jedem Abschnitt eines Gesprächs. Wenn man dem Gegner einen warmherzigen Rat geben kann, nachdem man ihn argumentativ in die Enge getrieben hat, erringt man einen wirklich rühmlichen Sieg; so sollte vernünftiges Überzeugen vonstatten gehen.

STUDIERE WEDER AKADEMISCHE TAKTIK NOCH STRATEGIE

Nabeshima Aki-no-kami wurde so vernommen: „In der Schlacht kann man sich nicht der Vernunft entziehen, was einen davon abhält, geradewegs mit wagemutigen Bewegungen in den Feind zu stürmen. Im Rachen des Todes sollte man besser alles ‚reife Beurteilen' vergessen. Selbst ein bisschen akademische Taktik und Strategie, die einer gelernt hat, machen ihn wankelmütig und schwankend zwischen Wahlmöglichkeiten und dem kritischen Augenblick. Meine Nachkommen sollen deshalb nie Taktik und Strategie studieren."

DIE FRAU EINES TAPFEREN KRIEGERS

Eines Morgens machte die Frau den Mitgliedern des Haushaltes kein Essen, weil sie einen Liebesstreit mit ihrem Ehemann hatte. Als plötzlich der Ruf zu einer Schlacht erging, machten sich der Gatte und seine Männer sofort mit ihren hungrigen Mägen auf den Weg. Die reuige Ehefrau kochte etwas zu essen und eilte, im Aufzug eines Mannes und mit ihren Dienerinnen im Schlepptau, zum Lager. Sie trugen alle Wasserfässer voller Essen auf ihren Schultern ...

ACHTE AUF DEN HELM

Ein General stellte einmal fest: „Samurai müssen lediglich testen, ob das Vorderteil ihrer Kriegsrüstung Kugeln aushält. Während die Kriegsrüstung keinen Platz für Zierrat hat, sollte der Helm von höchster Qualität sein. Er könnte nämlich mit dem Kopf des Kriegers an den Feind übergehen."

DER BEWEIS DURCH AUGENSCHEIN

Eines Tages kam ein Samurai durch Yae-juku in Saga, als ihn plötzliche Magenschmerzen quälten und zwangen, ein Wohnhaus in einer Seitenstraße aufzusuchen. Eine junge Frau, die allein im Haus war, zeigte ihm den Waschraum im hinteren Teil, wo sich der Samurai sogleich erleichtern wollte. Noch im Vorraum riss er seinen *Hakama*, die formelle Kleidung des Mannes, herunter. Da kam der Ehemann des Hauses zurück und beschuldigte seine Frau des Ehebruchs.

Dieser Fall wurde vor Gericht gebracht, und Fürst Naoshige sprach: „Selbst wenn sie unschuldig waren – der Mann, der ohne Rücksicht auf die Frau seinen *Hakama* auszieht, und auch die Frau, die einem Fremden erlaubt, den *Hakama* abzustreifen, während ihr Mann weg ist, sind so zu beurteilen, als hätten sie tatsächlich Ehebruch begangen." Folglich wurden die beiden zum Tode verurteilt.

Ein gut aussehender Mann kann nichts gewinnen

Wenn ein gut aussehender Mann etwas Lobenswertes tut, erscheint das den anderen nur natürlich und fällt nicht weiter auf. Wenn er die Dinge so wie die anderen erledigt, sind sie dagegen nicht zufrieden. Ein nur milde freundlich aussehender Mann dagegen wird sofort gepriesen, wenn er etwas Bemerkenswertes tut.

Stirb jeden Morgen

Stell dir jeden Morgen aufs Neue vor, dass du bereits tot bist. Halte dich jeden Morgen, wenn dein Geist noch friedvoll ist, ohne Unterlass für tot, denke über verschiedene Arten des Todes nach, stell dir deine letzten Augenblicke vor, zum Beispiel von Pfeilen, Kugeln und Schwertern in Einzelteile zerfetzt, von einem Blitz erschlagen oder von einer Woge weggespült zu werden, in ein rasendes Feuer zu springen, in einem großen Erdbeben unterzugehen, von einer schwindelerregenden Klippe zu stürzen, an einer tödlichen Krankheit einzugehen oder plötzlich tot umzufallen.

Ich hörte einen Älteren sagen: „Nur einen Sprung vom Dachgesims des eigenen Hauses entfernt findet man sich von toten Körpern umgeben; einen Schritt von der Haustür entfernt, trifft man schon auf Feinde." Das wird nicht aus übertriebener Vorsicht gesagt. Es drängt uns vielmehr, eine geistige Einstellung zu formen, mit der wir fähig werden, uns selbst für bereits tot zu halten.

Schnelle Beförderungen und Lohnerhöhungen

Beförderungen und Gehaltserhöhungen bringen Menschen gegen den Betroffenen auf, wenn sie zu schnell erfolgen, während langsame Beförderungen die Kameraden zu seinen Verbündeten machen, was seine Zukunft vielversprechend erscheinen lässt. Ob sie nun schnell oder langsam erfolgen, man muss sich so lange nicht sorgen, wie sie anderen vernünftig vorkommen.

Tröste einen Trauernden

Chibu Inaba verstarb am frühen Morgen des 1. Januar. Sein Nachbar Nakano Jin'uemon hörte davon und befahl seinem Haushalt, das ganze Neujahrsgedeck den Hinterbliebenen zu bringen: „Das Haus nebenan wird mit einer Flut von Kondolenzbesuchern angefüllt sein, die Familie wird selbst kaum ein Frühstück vorbereiten können."

Seine Männer jedoch verabscheuten die Idee ihres Herrn und wandten ein, sie würde Pech bringen. Nakano Jin'uemon wies sie streng zurecht: „Ein Samurai ist dazu verpflichtet, einem anderen, der sich in Trauer befindet, zu helfen. Es schadet nicht, wenn wir unser festliches Neujahrsessen ein bisschen später einnehmen." Das ganze Essen wurde dann zu Chibu Inabas Familie hinübergetragen.

Kümmere dich nicht um Kleinigkeiten

Ein Sprichwort lautet: „Ein Mann großer Taten kümmert sich wenig um seine Fehler." Ein Gefolgsmann wird nicht unbrauchbar, wenn er den Dingen gegenüber liberal eingestellt ist, hin und wieder seinen eigenen Weg geht und dabei ein wenig Ärger hervorruft, solange er danach trachtet, dem Fürsten in unbeugsamer Loyalität zu dienen, die ich im Detail im *Gukenshu* erläuterte.

Ein in allem untadeliger Mann allerdings hat etwas Hässliches an sich. Er wird sich wahrscheinlich einer Angelegenheit höchster Wichtigkeit nicht mit größter Inbrunst widmen. Ohne Fehler, so heißt es, kann ein Mann nichts Großes vollbringen. Wer ein erhabenes Ziel hat, so heißt es weiter, fühlt sich bei seinen kleinen Vergehen nicht unglücklich.

Die Grundlagen der Staatsverwaltung

Das gesamte Land und die ganze Nation zu regieren, klingt nach einer immensen Aufgabe jenseits aller Fähigkeiten, doch die älteren Ratsmitglieder des Shoguns, die Clan-Minister und anderen Ratgeber sollten ihren Pflichten genau so nachkommen, wie ich es bis jetzt in dieser Klause hier aufgezeigt habe. Wenn ein Mann meinen Vorschlägen folgt, kann er seine Pflicht auf jeder Position erfüllen.

Manche Menschen auf Schlüsselpositionen beunruhigen mich. Sie verrichten ihre Arbeit von ihrem inneren Talent getragen, aber ohne Wissen um die Tradition des Clans und ohne Richtig und Falsch klar unterscheiden zu können. Die Menschen fürchten solche machtvollen Herrscher und erklären sich ohne ein einziges Wort des Widerspruchs mit allem einverstanden, was diese tun, wodurch sie sie noch arroganter und habgieriger machen.

10. März im ersten Jahr von Kyoho (1716).

AUS EINEM BESINNLICHEN NACHTGESPRÄCH

Ein Gefolgsmann des Nabeshima-Clans benötigt weder übertriebene Lebenskraft noch besonderes Talent. Er muss nur bereit sein, den ganzen Clan auf seinen Schultern zu tragen. Kein Mann ist einem anderen von Geburt an unterlegen. Keine Übung kann Früchte tragen, bevor ein Mann nicht bereit ist, sich als einzigen im Clan zu sehen, der den Frieden in der Provinz des Fürsten bewahren kann. Solch ein Entschluss wird, gleich einem Wasserkessel, mal heiß und mal kalt. Darum habe ich hier vier Ratschläge, die den Entschluss stets am Kochen halten.

Die vier Ratschläge:

1. Bleib nie hinter den anderen auf dem Weg des *Bushidô* zurück.
2. Mach dich deinem Fürsten nützlich.
3. Erfülle deine Sohnespflichten.
4. Arbeite zum Wohle der anderen, mit einer zutiefst gütigen Seele.

Sprich jeden Morgen dein Gelöbnis für Buddha und die Götter, dann können dich diese vier Ratschläge zwei Mal so mächtig machen wie du jetzt bist und davor bewahren, von deinem Entschluss abzurücken. Wie eine Raupe kannst du dich so Stück für Stück vorwärts bewegen. Selbst Buddha und die Götter haben Gelübde abgelegt, als sie sich ihre Ziele setzten.

Hinter den Blättern

TOD UND WAHRHEIT

Einmal fragte ein Mann: „Was ist die Bedeutung des Weges des Todes?"

Die Antwort wurde in Form eines kurzen Gedichtes gegeben:

> „Wenn alle Dinge im Leben falsch sind,
> gibt es nur ein wahres Ding: den Tod."

IM ANGESICHT DES TODES

Wer dem Tod mit Würde ins Angesicht blicken kann, ist wahrlich ein tapferer Mann. Es gibt Männer, die in Zeiten des Wohlstands gut daherreden können, doch in ihren letzten Augenblicken oft den Verstand verlieren. Der Mensch aber, dessen Herz im letzten Moment fehlgeht, ist nicht tapfer.

DAS GEHEIMNIS DES KRIEGES

Iyemitsu, der dritte Meister des regierenden Clans der Tokugawa, hatte Belohnungen für Heldentaten im Krieg angekündigt. Einmal traten zwei Fürsten vor seinen Thron. Beide waren bekannt für ihre Fertigkeiten in der Kunst des Krieges. Der eine war Sukekuro aus der Provinz Kii, der andere war Fürst Nabeshima Motoshige.

Der Großfürst des Reiches wollte wissen, welches die Geheimnisse des Krieges waren. Sukekuro legte die Geheimnisse seiner Schule daraufhin schriftlich nieder, was schließlich drei Seiten Papier füllte.

Fürst Motoshige schrieb seine Erkenntnisse ebenfalls nieder, doch sie lauteten nur kurz und bündig:

„Es wird niemals ausreichen zu überlegen, was richtig und was falsch ist. Noch wird es genügen, darüber nachzudenken, was gut sei und was nicht. Zu fragen, was falsch sei, ist genauso schlecht wie zu fragen, was gut sei. Der Punkt ist, dass man niemals versuchen sollte, zu denken."

Der Shogun Iyemitsu sagte: „Hier habe ich, was ich wollte."

12 Ratschläge eines alten Kriegers

Yamamoto Sakino Kamiyemon war ein Samurai, auf den der Nabeshima-Clan stolz war. Dies sind seine wesentlichen Erkenntnisse:

1. Alles ist möglich, wenn man entschlossen ist.

2. Zuhause ein Hundefell, doch außerhalb eine Tigerhaut.

3. Sei respektvoll, doch nie so ehrfürchtig, dass du nicht mehr deine Meinung sagen kannst. Sei höflich und freundlich, doch nie so ängstlich, dass deine Knie unter dir nachgeben.

4. Vergiss nicht, Sporen zu geben, selbst wenn deine Pferde bereits galoppieren.

5. Mut überwindet alles.

6. Das Leben eines Menschen vergeht, doch sein Name bleibt.

7. Gold und Silber kann man immer bekommen, doch wahre und gute Männer nicht.

8. Ein Mann, der falsch lacht, ist ein Feigling. Eine Frau, die falsch lacht, ist eine Dirne.

9. Sammle Informationen, auch wenn du schon etwas weißt, denn das gilt als Höflichkeit. Sammle aber auch Informationen, wenn du nichts weißt, denn das ist weise.

10. Wenn sich deine Augen in eine Richtung wenden, sollten sie doch acht Richtungen sehen.

11. Lass die Erkenntnis von einer Sache zum Verständnis von Tausenden Dingen werden.

12. Gähne niemals in der Gegenwart anderer. Bedecke deinen offenen Mund mit einem Fächer oder deinem Ärmel.

Die Ausbildung der Samurai

Denkt während eurer Ausbildung nie ans Entspannen. Bewahrt die korrekte Form und strebsames Verhalten auch in eurem eigenen Zuhause.

Seid mit Worten sparsam. Wo ihr zehn Worte sprechen wollt, sagt nur eines. Verschließt eure Lippen, bevor ihr auch nur ein Wort sagen werdet. Bedachtsam gesprochen, reicht ein einziges Wort aus, um eure Tapferkeit und Stärke zu beweisen.

Wie in Zeiten des Friedens, so in Zeiten des Aufruhrs: Ein einziges Wort entlarvt den Feigling. Erinnert euch daran, dass ein einziges Wort oft so viel Bedeutung enthält wie hundert Worte.

Glaube

Denkt nur an diesen Augenblick, nicht weiter und an keinen anderen. Konzentriert euren Geist auf diesen Moment, lasst ihn weise darin verharren; so wird dieses Denken schließlich euer ganzes Leben bestimmen. Wenn ihr diese Wahrheit erkannt habt, werdet ihr nicht länger toben und euch nicht länger ärgern.

Glaube wird nur durch Erfahrung möglich. Wenn Glaube einmal erlangt ist, bleibt er das ganze Leben. Euer Geist wird nicht länger umwölkt sein, sondern stets frei und offen.

Ohne Pause voranschreiten

Yamazaki Kurando sagte: „Wenn Männer sich aus Eifer irren, sorgt dafür, dass sie wieder zufrieden werden. Sieht einer auf jeden Schritt, den er unternimmt, neigt er dazu, Pausen einzulegen. Währenddessen könnte sein Leben vergehen. Das Leben ist jedoch zu kurz: Schreitet ohne Unterbrechung voran."

Über Frauen

Eine Frau sollte ihren Mann als ihren Herrn ansehen.

FREIGEBIGKEIT

Der Priester Tannen sagte: „Ein Krieger sollte stets zwei Gewichte mit sich tragen, eines an jedem Ende des Strickes, der um seine Schultern hängt. Das eine Gewicht ist die Pflicht seinem Herrscher und seinen Eltern gegenüber, das andere eine Verbindung von Tapferkeit und Nächstenliebe. Je schwerer die Lasten, desto besser.

Und vergesst nicht: Freigebigkeit ist die Mutter des Wohlstandes. Viele gute Krieger versanken in Gram, weil sie keinen Sinn für Wohltätigkeit besaßen."

DIE WEISHEIT DES SCHWERTKÄMPFERS

Fürst Yagyu Munenori sagte einst: „Ich kenne nicht den Weg, andere zu besiegen; ich kenne nur den Weg, mich selbst zu besiegen." Dies will sagen, dass wir uns jeden Tag verbessern müssen, unser ganzes Leben lang. Dabei gibt es kein Ende.

DAS MÄRCHEN VOM SAKETRINKER

Ein gewisser Samurai sollte seinen Herrn bei dessen Neujahrsbesuchen begleiten. Er sagte: „Ich sollte nun das Saketrinken aufgeben, sonst werde ich über die Maßen schlampig. Wenn ich jedoch sage, dass ich abstinent sei, wird man mich für einen schweren Trinker halten. Darum werde ich behaupten, dass ich allergisch auf Sake reagiere, und zwei, drei Tassen wegschütten. Dann werden die Menschen mir keinen Sake mehr aufzwingen wollen. Außerdem werde ich mich noch nach vorn krümmen, so dass es den Anschein hat, als hätte ich starke Hüftschmerzen. Ich werde auch nichts sagen, wenn ich nicht direkt angesprochen werde." Das war eine kluge Person. Die Grundlage, sich über andere zu erheben, besteht darin, die Zukunft im Voraus zu bedenken. Das ist wahre Vorbereitung. Wenn man sich untergeben verhält, so als hätte man sich verändert und seine Kraft eingebüßt, wird man sich anständig benehmen. Des Weiteren sind die ersten Worte, die man äußert, am bedeutsamsten.

EIN MENSCH OHNE EIGENINTERESSE

Es gibt solche, deren Weisheit plötzlich aufblitzt, und solche, die sorgfältig nachdenken und später eine gute Idee entwickeln. Wenn wir darüber tief nachdenken, erkennen wir, dass sich wundersame Weisheit manifestiert, wenn ein Mann ohne Eigeninteresse nachdenkt und dabei die Vier Gelübde im Sinn behält; dies geschieht unabhängig davon, ob er von Geburt an mit höheren oder niederen Talenten ausgestattet wurde. Die Menschen glauben, dass tiefes Nachsinnen in abstruse Ideen mündet. Wenn Menschen jedoch aus dem Herzen ihres Eigeninteresses etwas erwägen, kann das Ergebnis nur schlecht sein, weil es von schlechter Weisheit beeinflusst wird. Das Anhaften der einfältigen Menschen gilt meist ihrem Eigeninteresse. Wenn man also etwas will, sollte man es erst einen Augenblick zur Seite legen, sich die Vier Gelübde ins Gedächtnis zurückrufen und dann ohne Eigeninteresse darüber nachsinnen. So kann man große Fehler vermeiden.

DIE ENTSCHLOSSENHEIT DES SAMURAI

Entschlossene Samurai sind nicht einfach Krieger, die sich in Auseinandersetzungen vorbildlich verhalten. Vielmehr untersuchen sie stets verschiedene Methoden im Voraus, mit denen sie ihr Ziel erreichen können. So sind sie auf alles vorbereitet.

Sieg und Niederlage sind von Umständen abhängig. Nicht der Schande anheimzufallen ist jedoch etwas anderes. Der einzige Weg ist, zu sterben. Selbst wenn man glaubt, dass man besiegt wird, muss man einmal den Schlag erwidern. Dafür benötigt man keine Weisheit. Eine außerordentlich mutige Person denkt nicht an Sieg oder Niederlage, sondern stürzt sich konzentriert in den Rachen des Todes. Dadurch erwacht sie aus dem Traum der vergänglichen Welt.

ÜBER GELEHRTE

Konan Osho vom Soryuji-Tempel meinte, dass Gelehrte sich nicht des Weges bewusst seien, gerade so wie jemand, der in den Westen ginge, sich aber nach Osten wenden sollte. Je mehr die Gelehrten wüssten, desto mehr entfernten sie sich vom Weg. Dies geschehe, weil ihre Ansichten durch das Lesen und Hören der Worte alter Weiser erhöht wurden, woraufhin sie sich schließlich selbst für Heilige hielten und gewöhnliche Menschen als Würmer ansähen. Doch was „der Weg" genannt wird, bedeutet, die eigenen Fehler zu erkennen. Wenn jemand stets seine Fehler bemerkt, verkörpert er den Weg. Das Wort „Weiser" kann *hijiri* gelesen werden, was heißt, die eigenen Fehler zu durchschauen. Buddha lehrte, dass der Weg verwirklicht werde, indem man sich nach den vier Zeichen *chi-hi-ben-sha* richte: Erkenne deine Fehler und entledige dich ihrer. Beobachtet jemand seinen Geist genau, dann weiß er, dass sich während eines einzigen Tages unzählige verrückte Gedanken darin bilden. Darum sollte er sich niemals für gut halten.

DAS MÄRCHEN VOM DRACHENFREUND

Einst lebte ein Mann, der Drachenbilder liebte. Seine Kleidung und seine Utensilien waren übersät davon. Seine tiefe Zuneigung zu Drachen musste dem Drachengott zu Ohren gekommen sein, denn eines Tages tauchte er vor dem Haus des Mannes auf. Der soll jedoch so überrascht gewesen sein, dass er vor Schreck starb. Es gibt also Menschen, die sich für etwas dauerhaft begeistern können, sich aber ganz anders benehmen, wenn sie mit der Realität konfrontiert werden.

DAS ANNEHMEN VON RATSCHLÄGEN

Wenn jemand dir einen guten Rat erteilt, solltest du diesen in tiefer Dankbarkeit annehmen, selbst wenn er nutzlos ist. Verhältst du dich nämlich nicht so, werden dir die Menschen bald nichts mehr sagen, auch wenn sie etwas über dich hören. Du solltest dich also derart benehmen, dass sie dir ihre Ansichten über dich leichten Herzens mitteilen können, und du solltest sie auch nicht daran hindern.

DIE WELT ALS TRAUM

Es ist gut, die Welt für einen Traum zu halten. Wenn wir träumen, wollen wir so bald wie möglich aufwachen und glauben, dass wir eben bloß einen imaginären Traum hatten. Die heutige Welt ist davon kein bisschen verschieden.

EIN VERLÄSSLICHER MENSCH

Jinemon pflegte zu sagen: „Eine außerordentlich talentierte Person ist eine verlässliche Person. Eine verlässliche Person ist außerordentlich talentiert. Das habe ich durch Erfahrung verstanden. Ein verlässlicher Mensch ist einer, der nichts tut, wenn ein Freund erfolgreich ist. Wenn aber dieser Freund in Schwierigkeiten gerät, kommt er durch die Seitentür herbei und hilft ihm aus seinen Problemen heraus. Solch ein Mensch ist zweifellos äußerst talentiert."

FEHLER VERSTEHEN

Es gibt einen Charakterfehler unter Gefolgsleuten. Der entsteht, wenn sie zu Reichtum und Ehren kommen. Bleibt ein Gefolgsmann arm, hat er keinen Fehler.

Ein kluger Mensch erkennt schnell die Mängel in einer Arbeit. Dann wird er nutzlos, wenn er nur noch an sie denkt und seine Unzufriedenheit darüber bekundet. Andere werden ihn meiden, er wird ihr Vertrauen nicht gewinnen, und das kann als Charakterfehler angesehen werden.

DAS PRIESTERMÄRCHEN VOM EXZENTRIKER

Als ich Ittei traf, sagte ich: „Die Familie wird niemals zerstört werden, denn ich werde Generation für Generation als Gefolgsmann wiedergeboren werden und selbst die Familie unterstützen." Ittei lachte und erwiderte: „Du sprichst sehr verwegen." Als ich 24 oder 25 Jahre alt war, meinte Ittei zum Oberpriester Takuhon aus dem Kondenji-Tempel: „Ein Exzentriker ist in deinem Bezirk eingetroffen. Er schämt sich nicht, mit alten Männern verglichen zu werden." Das vernahm ich dann vom Priester Takuhon. Es ist wohl ein Priestermärchen.

LETZTE WORTE

Fürst Mitsushige ging mir in den Tod voraus. Die hochrangigen Beamten an seiner Seite waren alle Feiglinge. Ihr Mangel an Entschlusskraft zerstörte den Ruf des Clans. Am Ende war ich der einzige, der zum Priester ordiniert wurde. Obwohl mir meine ursprüngliche Absicht, nach dem Tod meines Fürsten *seppuku* zu begehen, verwehrt wurde, konnte ich wenigstens ein bisschen meine Ehrerbietung ihm gegenüber bezeugen. Solange wir Entschlusskraft besitzen, können wir unser Ziel erreichen. Die Stolzen, die dem Fürsten dienten, werden vom Himmel bestraft. So steht es im *Gukenshu*. Meine Erzählung mag hochmütig erscheinen, doch habe ich sie den Ereignissen entsprechend ohne Vorbehalte wiedergegeben. Es war eine stille Unterhaltung in meiner Bergklause, die nur aufgrund meiner tiefen und einzigartigen Beziehung zu dir, Tashiro, möglich war.

Yamamoto Tsunetomo

Am Morgen nach Abschluss der Niederschrift des *Hagakure* schmiedeten die beiden folgende Haiku:

Tief dankbar für den Geschmack des einsamen Winterlebens
in dem Reisbrei
von Euren eigenen Händen gemacht.
(Tsuramoto Tashiro)

Verwelkende Reben im Morgenglanz
meine Hütte
brennt.
(Yamamoto Tsunetomo)

Am Wegesrand: Der Autor und seine Zeit

Yamamoto Tsunetomo wurde 1659 als sechstes Kind von Yamamoto Jin'uemon Shigezumi in der Provinz Saga geboren, einige Jahrzehnte nachdem Tokugawa Ieyasu die Kontrolle über ganz Japan gewonnen hatte, das zuvor einem langem Bürgerkrieg ausgesetzt gewesen war. Tsunetomos Vater, der im Jahre 1638 gegen die revoltierende Christen-Miliz gekämpft hatte, ermutigte seinen Sohn immer wieder, ein Samurai zu werden. Im Alter von neun Jahren wurde Tsunetomo als Junior-Knappe in den Dienst von Nabeshima Mitsushige berufen, dem zweiten Fürsten des Nabeshima-Clans. Aufgrund seines literarischen Talentes stieg er mit 19 Jahren zum Assistenz-Schreiber Mitsushiges auf. Kurz danach wurde er aber entlassen und kehrte erst mit 28 Jahren auf den Posten eines Schreibers im Clans-Bezirk bei Edo (Tokyo) zurück. Verunsichert suchte er den Rat des bekannten Zen-Meisters Tannen, dessen Sicht sich in Tsunetomos Auffassung der degenerierenden Gesellschaft und Leerheit der Welt wieder findet. Einen weiteren wichtigen Einfluss übte der herausragende Konfuzianer Ishida Ittei aus (beide Namen findet man im *Hagakure* wieder), der Tsunetomo die Idee eingab, selbst als Einzelkämpfer den ganzen Clan retten zu können.

Fürst Mitsushige starb im Jahre 1700. Tsunetomos Status war der eines Vasallen der mittleren Schicht. Erst in seinen Fünfzigern hätte er in den Ältestenrat berufen werden können, wie es sein Wunsch war. Weil er jedoch beim Tod seines Fürsten erst 42 Jahre alt war, wäre er diesem normalerweise durch *seppuku* in den Tod gefolgt, denn er fühlte sich dem Fürsten emotional stark verbunden. Doch ein Dekret aus dem Jahre 1661, von eben diesem Fürsten erlassen, verbot dies. Tsunetomo musste sich entscheiden, dem Sohn des Fürsten zu dienen oder Mönch zu werden – und tat letzteres. Er zog sich in eine Klause bei Kurotsuchibara zurück, einige Kilometer vom Clans-Bezirk in Saga entfernt.

Zehn Jahre später wurde diese Klause vom 38-jährigen Tashiro Tsuramoto betreten, dessen verzweifelte Suche nach Wahrheit fehlgeschlagen war. Auch er war einst Schreiber und aus ihm unbekannten Gründen entlassen worden. Beeindruckt von Tsunetomos Anekdoten und Lehren, blieb er ihm (wahrscheinlich) sieben Jahre lang verbunden (von 1710 bis 1716) und verfasste ein elfbändiges Werk, das Tsunetomos Vermächtnis und (offenbar auch) seine eigenen Ergänzungen enthielt.

Yamamoto Tsunetomo wies Tashiro an, die Originalbände zu verbren-
nen, weshalb wohl keine mehr existieren. Das *Hagakure* zirkulierte freilich, von Hand kopiert, unter Jugendlichen des Saga-Clans. Yamamoto
Tsunetomo starb 1719.

Zum historischen Hintergrund: Die *Genroku*-Ära (1688–1711) gilt als
dekadent. Das Shogunat Tokugawa hatte durch geschickte Verwaltung
das Land befriedet und Aufstände von Feudalfürsten unterbunden.
Tsunetomos *Hagakure*-Philosophie ist auch der Gegenentwurf eines
starken Kriegers zu der konfuzianistisch-akademischen Rhetorik des
Shogunats. Wenn man so will, traute Tsunetomo diesem Zauber nicht.
Krieger alten Schlages, vom Gnadenbrot einer neuen Fürstengeneration
lebend, standen einer neuen Art von Gefolgsleuten entgegen, die sich
in den Künsten, der Rhetorik und der Verwaltung auskannte.

Unterweisungen anderer Samurai

DIE 99 RATSCHLÄGE DES TAKEDA NOBUSHIGE

Takeda Nobushige (1525–1561) war der jüngere Bruder von Takeda Shingen, dem berühmten Kriegsfürsten aus Sendai. Die folgenden Ratschläge verfasste er für seinen Sohn. Die meisten von ihnen werden durch Zitate aus chinesischen Klassikern erläutert. Der Text findet sich im Koyogunkan, *das ist die wichtigste Sammlung zum „Weg des Samurai" aus der Edo-Periode, die von Obata Kagenori (1572–1663) zusammengetragen wurde. Aus dessen Schule stammen wichtige Autoren und Philosophen wie Daidoji Yuzan [sein Werk* Budo Shoshinshu *ist im Angkor Verlag erschienen] und Yamaga Soko.*

1. Hintergehe nie deinen Fürsten.

In den *Analekten* des Konfuzius heißt es: „Selbst in Zeiten der Hast und Gefahr sollte man gemäß dem Weg handeln. Wenn jemand seinem Fürsten dient, sollte er sich aufs äußerste anstrengen."

2. Zeige auf dem Schlachtfeld nicht das kleinste bisschen Feigheit.

Wu-Tzu* sagt: „Wenn jemand am Leben hängt, wird er es verlieren. Ist jemand bereit, sein Leben aufzugeben, wird er überleben."

3. Kümmere dich um deine Angelegenheiten, ohne nachlässig zu werden.

Im *Shi-Chi*** heißt es: „Wenn der Fürst sich korrekt verhält, werden es ihm seine Gefolgsleute gleich tun, auch wenn er keine Anweisungen erteilt. Doch wenn der Fürst sich falsch verhält, wird man ihm nicht folgen, selbst wenn er Befehle erteilt."

4. Sei tapfer.

Im *San Lueh**** heißt es: „Unter einem starken General gibt es keine schwachen Soldaten."

---

* Chinesischer General (440 – 361 v. Chr.).
** Die erste Aufzeichnung chinesischer Geschichte; beschreibt die Zeit bis ca. 100 v. Chr.
*** Verfasser: T'ai Kung.

5. Sprich die Wahrheit.

In den Orakeln der Götter heißt es: „Wenn die Wahrheit auch anfangs nicht belohnt werden mag, wird sie doch am Ende das Mitleid von Buddhas und Göttern erfahren." Sollte jemand in einer Schlacht aber nicht gemäß den Umständen handeln? Sun Tzu meint dazu: „Meide die Stärke des Gegners, schlag auf seine Schwachstelle."

6. Ehre deine Eltern.

In den *Analekten* steht: „Man diene den Eltern mit all seiner Kraft."

7. Behandle deine Geschwister aufmerksam.

Im *Hou Han Shu** steht: „Die eigenen Geschwister sind wie die rechte und die linke Hand."

8. Sprich nicht von Dingen, die du nicht verstehst.

Yin Hang sagt: „Ein einzelnes Wort entlarvt einen Menschen."

9. Sei nicht rüde, besonders nicht zu Priestern, Frauen und Armen.

Im *Buch der Riten* heißt es: „Höflichkeit stabilisiert das Leben eines Menschen; der Mangel an Höflichkeit bringt das Leben in Gefahr."

10. Übe dich in den Kampfkünsten.

In den *Analekten* sagt Konfuzius: „Es schadet, sich auf Aktivitäten einzulassen, die außerhalb der eigenen Kunst liegen."

11. Vernachlässige nie deine Studien.

In den *Analekten* steht: „Lernen ohne Nachdenken ist Dunkelheit. Denken ohne Lernen ist gefährlich."

---

* Von Fan Yeh und anderen im Jahr 445 v. Chr. zusammengetragene *Geschichte der späten Han-Dynastie*.

12. Übe dich in der Poesie.

Ein Gedicht lautet: „Ein verschlossenes Herz bleibt verborgen. Offenheit führt auf den Weg zu großer Entwicklung."

13. Widme dich der Etikette.

In den *Analekten* heißt es: „Wenn Konfuzius einen alten Tempel besuchte, erkundigte er sich genau nach den dortigen Riten."

14. Vergnüge dich nicht zu toll.

Im *Shih Chi* steht: „Ist die Feier auf dem Höhepunkt, entsteht Chaos; ist die Freude am größten, taucht Sorge auf." Im *Tso Chuan** lesen wir: „Ein Leben in Saus und Braus ist wie vergifteter *Sake."* In den *Analekten* heißt es: „Man sollte die Tugend achten, wie man eine schöne Frau liebt."

15. Antworte einem Menschen, der eine Frage stellt, nicht rüde.

Die *Analekten* raten: „Zerstört nicht das Band des Vertrauens, wenn ihr eure Freunde trefft."

16. Sei stets geduldig.

Das *I-Ching* liefert ein Beispiel: „Kanshins große Leistung war, trotz der Erniedrigung, als Kind vergewaltigt worden zu sein, zu einem herausragenden Kriegsherrn zu werden."

17. Vergehe dich nicht gegen die Anweisungen deines Fürsten.

In den *Analekten* steht: „Wasser passt sich der Form eines Gefäßes an, ob dies nun rund oder eckig ist."

---

* Enthält historische Aufzeichnungen vom Beginn der *Epoche Krieg führender Staaten* in China (403 – 221 v. Chr.); zusammengetragen im 4. Jh. v. Chr.

18. Erwarte von deinem Fürsten keine Geschenke.

Im *Tso Chuan* heißt es: „Belohnung ohne ein Verdienst ist ungerechtfertigter Gewinn, sie zieht Unheil an."

19. Verschwende keine Zeit mit Beschwerden und Tratsch.

Ein altes Sprichwort lautet: „Ein Armer sollte nicht schmeicheln, ein Reicher nicht hochmütig sein."

20. Sei großzügig gegenüber Gefolgsleuten.

Das *San Lueh* besagt: „Deine Gefolgsleute sind wie deine Hände und Füße."

21. Ist ein Gefolgsmann krank, dann besuche ihn.

Im *Chun Ch'an** heißt es: „Man sollte sich um seine Krieger kümmern wie um den eigenen Durst."

22. Vernachlässige nicht die treuen Gefolgsleute.

Das *San-Lueh* sagt: „Wenn der Fürst Gutes und Böses für dasselbe hält, werden verdiente Gefolgsmänner ihr Interesse verlieren."

23. Vergib denen nicht, die andere verleumden.

Gerüchte sollten durch Spione verifiziert werden. Es heißt: „Wenn man das Gute unterstützt, werden die Massen folgen."

24. Sei offen für berechtigte Ermahnungen.

Die Alten sagten: „Gute Medizin schmeckt bitter, doch wirkt sie gegen Krankheiten. Aufrichtige Worte tun in den Ohren weh, doch nutzen sie dem Verhalten." Im *Shu Ching* heißt es: „Folgt ein Fürst der Belehrung, wird er zum Weisen."

---

* Verfasser: T'ai Kung.

25. Unterstütze loyale Gefolgsleute, die in Schwierigkeiten sind.

Ein altes Sprichwort besagt: „Wenn du ein Jahr lang an einem Ort bleiben willst, säe fünf Samenkörner aus. Willst du zehn Jahre bleiben, pflanze Bäume an. Planst du aber fürs ganze Leben, gibt es nichts Wichtigeres, als deine Gefolgsleute zu halten."

26. Benutze nicht nach Gutdünken den Hintereingang des Palastes.

Es heißt: „Vater und Sohn haben nicht den gleichen Rang, Männer und Frauen sitzen nicht zusammen."

27. Den Freunden entfremdet, gehe den Weg der Humanität.

Die *Analekten* fordern: „Weiche vom Weg der Tugend nicht einmal für die Zeit ab, die eine Mahlzeit dauert."

28. Vernachlässige nicht deine täglichen Pflichten.

Es heißt: „Wenn du noch Zeit und Energie besitzt, nachdem du deine Pflichten erfüllt hast, solltest du studieren." Dabei gilt es, den alten Rat zu bedenken: „Wenn man seine Freunde drei Tage lang nicht getroffen hat, werden sie nicht mehr dieselben sein."

29. Tratsche nicht einmal mit einem vertrauten Freund.

Es heißt: „Bedenke eine Angelegenheit drei Mal, bevor du darüber sprichst. Bedenke eine Angelegenheit neun Mal, bevor du handelst."

30. Übe dich in der Zen-Meditation.

Man sagt: „Es gibt keine besonderen Geheimnisse in der Übung des Zen. Es genügt, sich der Bedeutung von Leben und Tod bewusst zu sein."

31. Entsende einen Boten, der deine Rückkehr nach Hause ankündigt.

Wenn du plötzlich zurückkehrst, könntest du Nachlässigkeiten deiner Angestellten beobachten und sie tadeln müssen. Die Beschäftigung mit solchen Dingen würde kein Ende nehmen. Konfuzius sagte: „Es ist kriminell, die Todesstrafe zu verhängen, ohne vorher über Richtig und Falsch aufgeklärt zu haben."

32. Ein Gefolgsmann gräme sich nicht ob der Kälte seines Fürsten.

Im *Hsiao-Ching* heißt es: „Mag jemand auch den Fürsten für unfähig halten, ein Gefolgsmann muss doch nur seine Arbeit verrichten." Weiter heißt es: „Der Jäger eines Hirschen sieht die Berge nicht."

33. Bestrafe einen Gefolgsmann angemessen.

Kleine Vergehen tadle man, große werden mit Exekution bestraft. *T'ai Kung* riet: „Ersticke ein Übel im Keim, sonst musst du später die Axt benutzen." Die Todesstrafe für kleinere Vergehen würde allerdings die Gefolgsleute entmutigen. Darum heißt es im *Lu Shi Ch'un Ch'iu:* „Ist das Gesetz zu streng, wird es nicht befolgt; sind die Verbote zu zahlreich, wird man ihnen nicht nachkommen."

34. Belohne den Gefolgsmann freudig und zeitig.

Kleine wie große Belohnungen sollten sofort übergeben werden. Im *San Lueh* heißt es: „Beim Anerkennen von Verdiensten sollte keine Zeit verschwendet werden."

35. Beobachte die Einzelheiten in deiner Provinz und anderswo.

Es heißt: „Wenn du nicht aus der Vergangenheit lernst, wird nichts von Bestand sein."

36. Zwinge den Bauern keine weiteren Verpflichtungen auf.

Im *Chun Ch'an* heißt es: „Wenn von oben unterdrückt wird, wird unten etwas zerbrechen. Wenn die Menschen schwer ausgebeutet werden, wird es zu Mord und Totschlag kommen."

37. Sprich mit anderen nie über Probleme in deiner Familie.

Ein altes Sprichwort lautet: „Gute Nachrichten verlassen nie den Hof, schlechte Nachrichten kommen weit herum." Im *Pi Yen Lu* heißt es: „Die Schwierigkeiten, die einer Familie widerfahren, sollten nur von ihr selbst diskutiert werden."

38. Setze die Menschen gemäß ihren Fähigkeiten ein.

Die Alten sagten: „Ein guter Zimmermann wirft kein Holz fort, ein guter General verzichtet auf keinen seiner Krieger."

39. Bereite sorgfältig deine Kampfausrüstung vor.

Die Alten sagten: „Der Bau eines neunstöckigen Turms beginnt mit einem Fundament."

40. Geht es an die Front, bleibe nicht hinter dem Kommandeur zurück.

Die Alten sagten: „Es ist schmerzhaft, das Signal zum Rückzug zu hören, jedoch eine Freude, das Signal zum Angriff zu vernehmen."

41. Pass gut auf dein Pferd auf.

In den *Analekten* heißt es: „Ein Hund beschützt den Menschen, ein Pferd arbeitet für ihn. Tiere, die dem Menschen nutzen, sollte dieser gut pflegen."

42. Greife den Gegner an ungesicherten Stellen an.

Es heißt: „Der Krieger, der den Gegner oft bezwingt, schafft das nicht mittels Formationen." Eine weitere Überlieferung lautet: „Es ist der

Brauch unseres Clans, einfach mit voller Geschwindigkeit vorzupreschen und dem Gegner keine Atempause zu gönnen."

43. Verfolge den Feind nicht zu lange.

Im *Szu Ma Fa* heißt es: „Beim Verfolgen des Feindes soll man nicht die eigenen Reihen aufbrechen und Chaos in seiner Einheit verursachen."

44. Vernichte sämtliche Streitkräfte des Feindes.

Der Feind soll keine Möglichkeit haben, sich wieder zu formieren. Im *San Lueh* steht: „Ein Angriff ist wie das Aufziehen eines Sturmes."

45. Naht der Kampf, behandle deine Gefolgsleute roh.

Mit großer Wut im Bauch werden Soldaten kraftvoller kämpfen. Im *Szu Ma Fa* heißt es: „Hat man es mit einer schwachen und kraftlosen Person zu tun, sollte man sie wie Wasser handhaben. Starke und mächtige Menschen hingegen behandle man wie Feuer."

46. Lobe den Feind nicht vor den eigenen Truppen.

Im *San Lueh* heißt es: „Man sollte niemandem erlauben, die Stärken des Feindes zu benennen."

47. Erlaube deinen Gefolgsleuten nicht, den Feind zu beleidigen.

Ein altes Sprichwort besagt: „Ärgere eine Biene und sie wird mit der Kraft eines Drachen auf dich einstürzen."

48. Zeige vor Verwandten und Gefolgsleuten keine Schwäche.

Das *San Lueh* besagt: „Verliert ein Mann seinen Mut, werden seine Diener und Soldaten den Respekt vor ihm einbüßen."

49. Beschränke deine Manöver.

Die Alten meinten: „Wünscht man sich viel, hat man am Ende nichts." In den *Analekten* heißt es: „Zu weit zu gehen ist das gleiche wie nicht weit genug zu gehen."

50. Meide die Hauptwege, um den Feind zu überraschen.

Es heißt: „Kann dich der Feind sehen, nimm einen geheimen Weg. Sieht er dich nicht, führe deine Armee über die Hauptstraße."

51. Auf manche Fragen reagiere mit Unwissenheit.

In den *Analekten* heißt es: „Auch wenn es etwas Begehrenswertes ist, verzichte man besser darauf."

52. Vergiss die Verbrechen der Reuigen.

Die *Analekten* raten: „Erkenne die Aufrichtigkeit eines Mannes, der sich entschlossen hat, voranzukommen. Lerne von seinen vergangenen Fehlern."

53. Verschone die Söhne eines nachlässigen Vaters.

Es heißt: „Das Kalb eines gestreiften Ochsen könnte rotes Haar und feine Hörner haben. Auch wenn du nichts mit ihm anfangen kannst, entledige dich seiner nicht."

54. Entscheide, welcher Feind zerstört werden muss.

Mit einem Feind schließt man Frieden, einen anderen muss man unterwerfen. Im *San Lueh* heißt es: „Strategie beruht auf der Art des Feindes."

55. Ein edler Mensch sollte sich aus Kämpfen heraushalten.

In den *Analekten* heißt es: „Ein edler Mensch muss um nichts kämpfen. Wenn doch, ist es dann nicht in einem Bogenschützen-Wettstreit?"

56. Unterscheide sorgsam zwischen Richtig und Falsch.

Im *San Lueh* steht: „Wenn die gute Tat eines einzelnen übersehen wird, werden die verdienstvollen Taten von allen abnehmen. Wenn eine üble Tat gelobt wird, werden sich alle dem Bösen zuwenden."

57. Verteile die Verpflegung in kleinen Mengen.

Das *San Lueh* besagt: „Als die guten Generäle vergangener Zeiten Wein zugeschickt bekamen, versenkten sie ihn im Fluss. Dann tranken sie wie alle anderen Wasser."

58. Gib dir große Mühe in allem.

Lao-Tse sagt: „Eine lange Reise beginnt mit dem ersten Schritt."

59. Halte vor einem Vorgesetzten nicht an deinen Theorien fest.

Ein Sprichwort lautet: „Wer viele Worte macht, schwächt seine Position."

60. Gräme dich nicht wegen eines einzigen Fehlers.

Entscheidend ist die Geistesgegenwart, nachdem man einen Fehler gemacht hat. In den *Analekten* heißt es: „Wenn einer einen Fehler macht, sollte er nicht zögern, ihn zu korrigieren. Das nicht zu tun, wäre erst der wahre Fehler."

61. Bedenke die Vorschläge der anderen.

Es heißt: „Eine Ansicht, die gutmütig geäußert wird, sollte auch gutmütig angenommen werden."

62. Missachte die Alten nicht.

In den *Analekten* steht: „Man soll die Alten so respektieren, als wären sie die eigenen Eltern."

63. Iss deine Mahlzeit in der Nacht vor der Schlacht.

Ein altes Sprichwort lautet: „Vorsicht ist deine Burg, Nachlässigkeit dein Feind."

64. Halte dich fern von denen, deren Verhalten armselig ist.

Im *Shih Chi* heißt es: „Wenn du den Charakter eines Menschen nicht kennst, erkundige dich, wer seine Freunde sind." Ein anderer Spruch lautet: „Ein Mensch sollte sich nicht immer mit Hoch- oder Niederrangigen umgeben. Der Vogel, der von Blüte zu Blüte flattert, riecht deren Duft, ohne sich mit ihnen anzufreunden."

65. Sei anderen gegenüber nicht zu misstrauisch.

Im *San Lueh* heißt es: „Wankelmut in einer Armee entsteht aus gegenseitigem Misstrauen."

66. Kritisiere nicht die Fehler der anderen.

Es heißt: „Lobe die anderen, wie du selbst gelobt werden willst."

67. Warne Gefolgsleute davor, neidisch zu werden.

Es heißt, unverschlossene Türen lüden Räuber ein und dickes Rouge errege Sinnlichkeit.

68. Sei nicht arglistig.

Im *Chun Ch'an* heißt es: „Hat eine arglistige Person ein hohes Amt inne, werden sich seine Truppen bis auf den letzten Mann bekämpfen."

69. Verspäte dich nicht.

In den *Analekten* steht: „Als Konfuzius von seinem Fürsten gerufen wurde, machte er sich sofort auf den Weg, ohne auf die Sänfte zu warten."

70. Geheimnisse dürfen anderen nicht offenbart werden.

Im *Shih Chi* heißt es: „Strategie gewinnt mittels Geheimnissen; Worte zerstören durch Enthüllung."

71. Habt Mitleid mit armen Menschen.

Im *Shang Shu* heißt es: „Die Pflicht des Fürsten ist, tugendhaft für das Wohl der Massen zu sorgen."

72. Glaubt an Götter und Buddhas.

Eine Überlieferung besagt: „Wer in Übereinstimmung mit dem Geist der Buddhas handelt, genießt ihren Schutz und gewinnt ihre Stärke. Wer mit üblen Mitteln andere übervorteilen will, wird schließlich tief fallen."

73. Sind die Feinde fast besiegt, strenge dich noch mehr an.

Im *Ku Liang Chuan** heißt es: „Wer gute Strategien besitzt, kämpft nicht. Wer gut kämpft, wird nicht sterben."

74. Nimm keine Notiz von einem Betrunkenen.

Im *Han Shu*** steht: „Einmal rammte ein Betrunkener die Sänfte von Ping Chi, dem Sekretär eines hohen Rates, doch Ping Chi tadelte ihn nicht einmal dafür."

75. Sei allen wohlgesinnt.

Im *Hsiao Ching* steht geschrieben: „Himmel und Erde ändern den Lauf der Zeit nicht für einen einzelnen Menschen. Sonne und Mond verringern ihr Licht nicht zugunsten eines Einzelnen. So ändert auch ein großer Fürst nicht das Gesetz wegen einem Menschen."

---

* Ein Kommentar zum *Ch'un Ch'iu,* der von Chi Ku-liang stammen soll.
** *Chronik der Han-Dynastie* (206 v. Chr.– 8 n. Chr.), zusammengestellt 92 n. Chr. von Pan Ku.

76. Benutze ein scharfes Schwert.

Es heißt: „Ein stumpfes Schwert durchtrennt keine Knochen."

77. Gehe mit ständiger Aufmerksamkeit durch deine Nachbarschaft.

Chen Fen sagte: „Mangelnde Vorsicht lädt Unheil ein."

78. Strebe danach, niemals ein menschliches Leben auszulöschen.

Im *San Lueh* heißt es: „Die Unterstützung durch das Volk erlaubt es einem, den Staat zu regieren und den Familien im Reich Frieden zu bringen. Der Verlust von Menschen führt zum Verlust des Staates und zur Auflösung von Familien."

79. Im Ruhestand falle deinen Kindern nicht zur Last.

Im *Pi Yen Lu* steht: „Nimm deinen Tragestock und verbirg dich in den Bergen. Versuche nicht, dich hervorzuheben, indem du die Prinzipien von Gut und Böse erläuterst. Unterlasse es, die üblen Wege der Welt zu kritisieren."

80. Gib dich nicht Freizeitvertreib hin.

Man sagt: „Wenn du dich ständig mit weltlichen Dingen beschäftigst, wirst du den Wert deiner Familie vergessen."

81. Sei bei Ausflügen stets achtsam.

Es heißt: „Wenn etwas gewogen wird, schenke der Schönheit der Waage keine Beachtung, sondern nur dem Gewicht des Objektes."

82. Bei schlechtem Wetter habe Mitleid mit deinen Gefolgsleuten.

Konfuzius sagte: „Ein Fürst sollte zu ungünstigen Zeiten seine Männer nicht für offizielle Aufgaben heranziehen."

83. Tausend Feinde greife mit hundert Männern von der Seite an.

Man sagt: „Wenn *ein* Mann das Tor aufschließt, ist das wirkungsvoller, als wenn tausend Männer es aufbrechen."

84. Sprich nicht willkürlich über Schlachtpläne.

Ein altes Sprichwort besagt: „Dinge, die aufgrund von Hörensagen erörtert werden, sind fehlerhaft." Ein anderer Spruch lautet: „Ein zu Beginn lediglich kleiner Fehler wird aufgebauscht und so groß wie der Abstand zwischen Himmel und Erde."

85. Täusche vor, die Geheimnisse der Kriegsstrategie zu kennen.

Ein altes Sprichwort lautet: „Ein Mann, der angeblich so schwer wie ein Kessel sein sollte, stellt sich als leicht wie eine Feder heraus."

86. Lausche der Kritik der niederen Klassen ohne Zorn.

Es heißt: „Die Dinge sind nicht immer so, wie sie scheinen."

87. Kehrt der Fürst vom Schlachtfeld heim, eile der Krieger voraus.

Es heißt: „Widmet dem Ende soviel Aufmerksamkeit wie dem An-fang."

88. Misch dich nicht in die Angelegenheiten deiner Gefährten ein.

Ein altes Sprichwort lautet: „Wer seine Hand in Zinnober steckt, färbt sie rot, wer sie in Tinte steckt, schwarz."

89. Diskutiere vor anderen nicht über Nahrungsmittel und Handel.

Ein altes Sprichwort besagt: „Die Qualität von Metall wird im Feuer deutlich, die eines Mannes in seinen Worten."

90. Bedenke es gut, bevor du von einem Freund einen Gefallen verlangst.

Die Alten sagten: „Aus Gier nach einer weiteren Schale Wein mag einer eine ganze Bootsladung Fisch riskieren."

91. Halte dich nicht nur in einer Gruppe auf.

Konfuzius sagte: „Ein edler Mensch gewinnt viele Freunde und kritisiert sie nicht, während ein Mann von engem Geist kritisiert und wenige Freunde hat."

92. Besprich selbst unter Freunden keine ungehörigen Dinge.

Es heißt: „Richte deinen eigenen Geist auf dein Ziel aus und bezwinge den Geist der anderen, indem du über sie lachst."

93. Kritisiere andere nicht in der Gegenwart weiterer Menschen.

Im *Chan Kuo Ts'e* heißt es: „Sprich von den guten Eigenschaften deiner Mitmenschen und erwähne die schlechten nicht."

94. Übe dich in der Kalligrafie.

Es heißt: „Die großen Ereignisse der Hsia-, Yin- und Chou-Dynastien konnten dank der Schreibkunst für die Nachkommen aufgezeichnet werden."

95. Beteilige dich selbst an Reparaturarbeiten.

Ein alter Spruch lautet: „Wenn wir gehen, heben wir nicht beide Füße zur gleichen Zeit an." Es heißt auch: „Die Frühlingssonne scheint für alle gleich, doch die Blumen, die das Licht empfangen, werden verschieden groß."

96. Attackiere die Überzahl der Feinde, wenn ihre Verteidigung nachlässt.

Sei jedoch vorsichtig, wenn ein noch so kleiner Feind seine Verteidigung gut vorbereitet hat. Sun Tzu sagt: „Greife kein gut gesichertes

Lager an, halte keinen stark geführten Angriff auf. Um einer solchen Kraft zu begegnen, denke an die Schlange vom Berg Ch'ang. Wird ihr Kopf getroffen, schlägt ihr Schwanz zu; wird ihr Schwanz erwischt, attackiert im Gegenzug ihr Kopf; wird ihre Körpermitte getroffen, greift sie mit Kopf und Schwanz an. Es gibt eine Strategie, einem solchen Feind zu begegnen."

97. Ein tugendhafter Krieger benehme sich nicht seltsam.

Konfuzius sagte: „Ein edler Mensch, dem es an Ernst fehlt, verliert seine Autorität."

98. Sei stets wachsam.

In den *Analekten* steht: „Ich denke dreimal täglich über mein Verhalten nach." Weiter heißt es: „Trenne dich – selbst in der Gesellschaft deiner Frau – nicht von deinem Schwert." Es heißt ferner: „Das Schwert, das Leben nimmt, gibt auch Leben." Dann: „Lass keinen anderen Menschen den Dreck von deinem Gesicht und deinen Händen waschen." Schließlich: „Eine Laterne sollte nicht ohne Vorsicht angezündet werden."

99. Werde deiner Pflichten nicht müde.

Mencius* sagte: „Wenn du durchhältst und der Dinge nicht müde wirst, wirst du zum Nachfolger von Shun."**

Die obigen Ratschläge dürfen nicht sorglos an andere weitergegeben werden. Betrachte sie als mein Vermächtnis an dich. Hierin liegt die geheime mündliche Übermittlung des Hauses Shingen.

Eiroku Gannen (1558), an einem schönen Tag im April.

---

* Philosoph (ca. 372 – 289 v. Chr.), der den Konfuzianismus verbreitete und fortführte.
** Einer der drei weisen Könige des alten China.

DIE 21 VORSCHRIFTEN DES HOJO SOUN

Hojo Nagauji (1432-1519) war ein berühmter General in der Muromachi-Ära und für den Bau einer der ersten Burganlagen Japans in Odawara verantwortlich. Durch seine rücksichtslosen Methoden bei der Eroberung fremder Territorien steht er bei Historikern in zweifelhaftem Ruf. Im Alter wurde er Mönch und nannte sich Hojo Soun. Aus dieser Zeit stammen die folgenden Vorschriften, die seine Nähe zum Volk belegen.

1. Zuallererst halte deinen Glauben an die Götter und Buddhas aufrecht.

2. Stehe morgens so früh auf wie möglich. Wer dies zu spät tut, wird als Diener nachlässig und zu einem Hindernis für die Angelegenheiten des Herrn wie auch für die eigenen Belange. Am Ende wird er vom Herrn aufgegeben.

3. Auch schlafen gehen solltest du früh, nämlich schon vor acht Uhr am Abend. Denn Diebe suchen ihre Opfer am liebsten zwischen Mitternacht und zwei Uhr heim. Wenn du also unnütz lange in der Nacht herumdiskutierst, wirst du in jener heiklen Zeit tief schlafen. So wird dir dann dein Geld gestohlen, und das wird deinem Ruf schaden. Lösche also Feuerholz und Lampenöl, die des Nachts nur verschwendet sind, und stehe um vier Uhr früh auf, vollziehe deine Reinigungen und Gebete und ziehe dich angemessen an. Dann weise deiner Frau und deinen Gefolgsleuten ihre Tagesarbeit zu und tritt deinen eigenen Dienst vor sechs Uhr an. Zwar sagt ein altes Sprichwort, man solle um Mitternacht schlafen gehen und um vier Uhr aufstehen, das hängt jedoch vom Einzelfall ab. Um vier aufzustehen nutzt jedem. Wenn man bis acht oder zehn im Bett bleibt, wird man nicht mit seiner Tagesarbeit fertig.

4. Bevor du morgens dein Gesicht und deine Hände wäschst, solltest du den Waschraum, die Ställe und den Platz vor dem Tor inspizieren. Ist etwas verschmutzt, weise die Zuständigen an, es zu säubern, dann wasche dich selbst. Halte Wasser nicht für unerschöpflich; wenn du deinen Mund ausgespült hast, schütte das Wasser nicht einfach fort. Außerdem tue dies leise; wer rücksichtslos gurgelt und herumspuckt,

respektiert die anderen nicht, die kein Vergnügen an solchen Geräuschen finden. Bei Konfuzius heißt es: „Wandle heimlich unter dem Himmelszelt."

5. Götter und Buddhas wertzuschätzen, ist das rechte Verhalten für einen Mann. Wer ein aufrechtes und ruhiges Herz hat und Höhergestellte ehrlich respektiert und auch Mitleid mit den ihm Unterstellten empfindet, lebt im Einklang mit den Gefühlen der Götter und Buddhas. Betrachte das, was existiert, als existent und das, was nicht existiert, als nicht-existent; sieh die Dinge als das, was sie sind. So wirst du – selbst ohne Gebet – göttlichen Schutz genießen.

6. Es geht nicht darum, Schwerter und Kleidung wie alle anderen zu besitzen. Es genügt, nicht unansehnlich zu sein. Wenn man sich ständig Dinge leiht, weil man sie noch nicht hat, wird man nur Schulden auftürmen und von anderen verschmäht werden.

7. Selbst wenn man plant, den ganzen Tag aufgrund einer Krankheit oder privater Angelegenheiten nur zu Hause zu bleiben, sollte man sein Haar richten. Erst recht natürlich, wenn man nach draußen geht. Andere Menschen die eigene ungepflegte Erscheinung sehen zu lassen, ist unfreundlich. Wenn du darin nachlässig bist, werden es dir deine Gefolgsleute gleichtun. Außerdem würde es hässlich aussehen, wenn deine Kameraden zufällig vorbeikämen und das ganze Gefolge schlampig vorfänden.

8. Du solltest nicht einfach bei deinem Herrn hereinplatzen. Warte ein Weilchen in einem Nebenraum, kontrolliere das Aussehen deiner Kameraden und schreite erst dann zur Audienz.

9. Wenn du von deinem Herrn angesprochen wirst, solltest du, selbst aus einiger Entfernung, schnell mit „Ja!" antworten, sofort auf deinen Knien vorrutschen und respektvoll deine Erklärung abgeben. Dabei solltest du nicht deine eigene Weisheit zur Schau stellen. Wenn du dir überlegst, wie du deine Antworten wohl am besten vorbereiten könntest, frage einen erfahrenen Redner um Rat. Es geht darum, nicht krampfhaft die eigene Meinung durchsetzen zu wollen.

10. Wenn jemand etwas dem Herrn erzählt, sollte man nicht direkt dabei sein, sondern sich zur Seite begeben. Wenn man dabei Gerüchte verbreitet oder dümmlich lacht, wird man ganz sicher von den angesehenen Männern fortan gemieden werden; ja sogar empfindsame Männer von gleichem Rang werden einem den Rücken zuwenden.

11. Es heißt: „Auch wenn man sich mit vielen anderen Menschen trifft, sollte man niemals für Zwietracht sorgen." Man sollte vielmehr stets andere unterstützen.

12. Hast du auch nur ein bisschen Freizeit, nimm dir Literatur oder irgendetwas Geschriebenes zur Hand und lese dort, wo dich niemand sieht. Schriftzeichen sind von solcher Art, dass du sie vergisst, wenn du nicht dauernd daran gewöhnt bist. Das gilt fürs Lesen wie fürs Schreiben.

13. Wenn du einen Ort passierst, an dem sich die Älteren mit dem Herrn befinden, verbeuge dich und lege deine Hände auf den Boden. Einfach nur vorbeizustampfen, wäre ein ungehöriges Vergehen. Ein Samurai zu sein bedeutet, stets freundlich zu sein.

14. Du solltest nicht lügen, egal, mit wem und wie viel du sprichst. Selbst die einfachsten Sachverhalte sollten so dargestellt werden, wie sie sind. Wenn jemand lügt, wird es ihm zur Gewohnheit, und am Ende wird er von anderen dafür verachtet. Konfrontieren sie ihn mit seinen Lügen, wird ihm dies Schmach für den Rest seines Lebens einbringen.

15. Studiere die Poesie, denn ohne sie bist du ärmer. Benutze beim Sprechen vornehme Ausdrücke, denn ein einziges Wort offenbart dein Innerstes.

16. In den Arbeitspausen solltest du die Reiterei erlernen. Nach dem Erwerb der Grundlagen kannst du dich komplizierten Techniken widmen.

17. Wenn du gute Kameraden suchst, wirst du sie unter denen finden, die die Kalligrafie erlernen. Schädlich werden die sein, die *Go*, Schach oder die *Shakuhachi* spielen. Es ist keine Schande, die letztgenannten

Vergnügen nicht zu kennen. Damit würdest du nur deine Zeit verschwenden. Deine guten oder schlechten Taten hängen aber auch von deinen Freunden ab. Wenn drei Menschen sich treffen, wird stets einer von ihnen beispielhaft sein, darum solltest du ihn zum Vorbild wählen. Wenn du eine schlechte Person betrachtest, nimm sie zum Anlass, deine eigenen Fehler zu korrigieren.

18. In deiner Freizeit inspiziere dein Haus, repariere Zäune, bessere Wände aus und fülle die Stellen auf, die die Hunde aufgewühlt haben. Viele Menschen denken nur an das, was heute wichtig ist, und sorgen sich nicht ums Morgen.

19. Um sechs Uhr abends solltest du die Tore schließen und nur wieder öffnen, um jemanden hinein- oder herauszulassen.

20. In der Nacht achte sorgfältig auf die Feuer, die in den Zimmern brennen, und gib klare Anweisungen, um ein etwaiges Übergreifen der Flammen zu vermeiden. Die Frauen hoher wie niederer Ränge haben dafür keinen Sinn und werden ihre Haushaltsutensilien nachlässig herumliegen lassen. Denke allerdings nicht, du könntest alles auf andere abwälzen, sondern verlasse dich zuerst auf dich selbst und wisse um alle Dinge, ehe du sie an andere delegierst.

21. Sowohl Bildung als auch Kriegskünste gehören zum Weg des Samurai. In beidem sollte man sich stetig bemühen.

DIE 17 LEKTIONEN DES ASAKURA TOSHIKAGE

Die 17 Lektionen des Asakura Toshikage (1428-1481) erinnern an die gleiche Anzahl von Artikeln in der Verfassung von Shotoku Taishi aus dem siebten Jahrhundert. Wahrscheinlich wurden sie erst nach dem Tod Asakuras zusammengetragen, der als gleichermaßen realistischer wie agiler Krieger die Burg bei Ichijogatani bauen ließ, nachdem er zum Gouverneur von Echizen ernannt worden war. Hier entstand dann für fast einhundert Jahre ein blühendes Handelszentrum.

1. Im Clan der Asakura haben ketzerische Gruppenführer keinen Platz. Männer sollten gemäß ihrer Fähigkeiten und ihrer Loyalität aufgenommen werden.

2. Man sollte einen guten Posten und Grundbesitz an keinen Mann geben, dem es an Begabung mangelt, auch wenn seine Familie generationenlang solche Vorzüge genoss.

3. Man sollte in nahe und ferne Clans selbst in Friedenszeiten Kundschafter einschleusen und sich ständig nach ihren Umständen erkundigen.

4. Man sollte sich nicht zu sehr in Schwert und Dolch verlieben. Selbst wenn man ein teures Schwert besitzt, wird man nicht einhundert Männer mit billigen Lanzen besiegen. Darum ist es besser, mit viel Geld statt eines kostbaren Schwertes einhundert Lanzen zu kaufen und damit einhundert Krieger auszurüsten.

5. Man sollte nicht ständig Schauspiele veranstalten wie die der vier Schulen von *Sarugaku** aus Kyoto. Mit den Ausgaben dafür könnte man auch einen talentierten Darsteller aus dem eigenen Clan in der *Sarugaku*-Schule ausbilden lassen und später seine Kunst genießen.

6. Es ist verboten, nachts in der Burg *No*-Dramen aufzuführen.

7. Man sollte keine Gesandten auf der Suche nach guten Pferden und Falken zum Date-** oder Shirakawa-Clan schicken und behaupten, das

---

* Die vier Schulen des *No: Kanze, Kongo, Konparu* und *Hosho*.
** Eine mächtige Familie im Mutsu-Bezirk Nordostjapans.

sei zum Nutzen der Samurai. Erhält man dagegen ein Geschenk von dort, ist das etwas anderes. Selbst dann sollte es jedoch innerhalb von drei Jahren an einen anderen Clan weitergereicht werden. Wenn man etwas zu lange behält, bringt es Bedauern.

8. An Neujahr sollte jeder, allen voran die Asakura-Familie, Kleidung aus Baumwolle mit dem Familienwappen tragen. Wenn jemand glaubt, weil er die Mittel habe, könne er in aufwendiger Kleidung erscheinen, werden die niederen Ränge der Samurai es für schwierig halten, an einem solchen Ort aufzutauchen, wo glänzende Kostüme zu sehen sind. Sie werden vorgeben krank zu sein und das ganze Jahr über nicht mehr gesehen werden. Wenn sie gar zwei Jahre nicht erscheinen, wird die Anzahl der Asakura-Gefolgsleute merklich sinken.

9. Wenn einige Männer in unserem Clan kein Talent haben, sollten sie besonders wohlwollend behandelt werden, solange ihr Entschluss fest ist. Selbst wenn man von einem Mann sagt, er sei ein Feigling, sollte er nicht dafür gehalten werden, solange sein Aussehen und Benehmen herausragend sind. Er kann sich als Gehilfe oder Bote nützlich machen und sollte nicht zur Untätigkeit verdammt werden. Wem es aber an Entschlusskraft und Erscheinung mangelt, der wird zu nichts taugen, egal wie sehr man sich um ihn kümmert.

10. Wenn ein Mann, der nachlässig dient, und einer, der das mit Sorgfalt tut, auf die gleiche Art behandelt werden, wird sich letzterer fragen, warum er sich überhaupt Mühe gibt.

11. Außer in ganz besonders schwierigen Situationen sollte man *ronin** anderer Provinzen nicht als Schreiber beschäftigen.

12. Gibt es unter Priestern wie Laien jemanden von Talent, sollte man ihn nicht in einen anderen Clan ziehen lassen. Ein Mann, der sich jedoch ausschließlich auf seine eigenen Fähigkeiten verlässt und schlampig Dienst tut, ist nutzlos.

---

* Ein wegen des Todes seines Fürsten oder seiner Entlassung aus dem Dienst „herrenloser" Samurai.

13. Ist eine Schlacht zu gewinnen oder eine Burg einzunehmen, soll man sich nicht um den rechten Augenblick oder die passende Angriffsrichtung sorgen, denn Zeit verstreichen zu lassen ist höchst bedauerlich. Wenn Tag und Ort unpassend erscheinen, wird man den Sieg erringen, solange man das Ereignis im Einzelnen durchdenkt, seinen Angriff im Geheimen vorbereitet und sich den Umständen anpasst. Es ist dagegen sinnlos, ein Schiff in einen Sturm zu schicken oder einen Mann gegen eine Armee antreten zu lassen, selbst wenn der Zeitpunkt als günstig gilt.

14. Dreimal im Jahr sollte ein geeigneter Gefolgsmann in die Provinz entsandt werden, um sich die Ansichten der vier Klassen* anzuhören und darauf gründend seine Politik auszurichten. Noch besser ist, wenn der Fürst sein Aussehen verändert und selbst diese Untersuchung vornimmt.

15. In unserer Provinz soll es verboten sein, irgendeine andere als die Ichijogatani-Burg der Asakura-Familie zu bauen. Alle hochrangigen Männer sollen dort leben und lediglich deren Vertreter und Untergebene in ihren Heimatdistrikten Dienst tun.

16. Wenn man an Schreinen oder Tempeln vorbeikommt oder durch die Straßen von Dörfern zieht, sollte man von Zeit zu Zeit sein Pferd anhalten und die Schönheit der Orte preisen oder die Personen beklagen, die es nicht mehr gibt. Das wird beim gewöhnlichen Volk Freude erzeugen, die Leute werden bald die verfallenden Gebäude wiederherstellen und schöne Plätze zu erhalten trachten. Auf diese Art spornt man die Menschen ohne großen Aufwand an.

17. Wenn man Menschen Audienz gewährt, darf man ihnen nicht erlauben, auch nur im Mindesten von der Wahrheit abzuweichen. Sollte das doch geschehen, müssen diese Menschen angemessen bestraft werden.

---

* Samurai, Bauern, Händler und Handwerker.

Erzählungen

Rache an Tarônosuke

Da Krieger töteten und getötet wurden, entwickelte sich die Rache zu einem wichtigen Bestandteil im Leben eines Samurai, über den er auch reichlich zu kontemplieren hatte. Die folgende Episode aus dem Konjaku Monogatari Shû *ist wegen der komplexen Argumente bemerkenswert, die für die Bestrafung eines Rächers aufgeführt werden. Es handelt sich um einen der frühesten Berichte eines Racheaktes zugunsten des eigenen Vaters – ein moralischer Imperativ, der seine Wurzeln in China hat und zu der genannten Zeit in Japan nicht vorherrschend gewesen sein dürfte.*

Taira no Kanetada war der Gouverneur von Kazusa. Einmal sandte ihm sein Sohn, General Yogo (auch Koremochi genannt), der sich in der Provinz Mutsu aufhielt, folgende Worte: „Herr, ich habe Euch eine Weile nicht gesehen. Wo ihr nun Gouverneur von Kazusa geworden seid, darf ich Euch da besuchen, um Euch meine Glückwünsche zu überbringen?" Kanetada freute sich mit seiner gesamten Gefolgschaft über diese Nachricht und bereitete den Empfang seines Sohnes vor.

Zu dieser Zeit litt Kanetada gerade an einer Erkältung. Anstatt Koremochi auf dem Weg zu begrüßen, lag er auf der Veranda und ließ sich von einem untersetzten Samurai die Hüften massieren. Die beiden unterhielten sich über verschiedene Dinge, die in den vergangenen Jahren geschehen waren, während Koremochis führende Soldaten, mit Pfeil und Bogen bewaffnet, im Garten Aufstellung nahmen.

Der Erste unter ihnen war Tarônosuke, ungefähr 50 Jahre alt, groß und plump, mit langem Bart und finsterem Blick. Er wirkte wie ein guter Soldat. Als Kanetada diesen Mann bemerkte, fragte er den Samurai, der ihn massierte, ob er diesen kenne. Der Masseur verneinte. Kanetada sagte: „Das ist der Mann, der vor einigen Jahren deinen Vater tötete. Damals warst du noch ein Kind. Es ist ganz normal, dass du ihn nicht erkennst."

„Die Leute haben mir erzählt, dass jemand meinen Vater getötet hat, doch ich wusste nicht, wer es war", entgegnete der Masseur. „Nun sehe ich also plötzlich sein Gesicht." So sprang er auf die Füße und ging, mit Tränen in den Augen, davon.

Als Koremochi sein Abendessen beendet hatte, ging die Sonne unter. Also begab er sich zur Ruhe. Auch Tarônosuke ging in sein Zimmer, wo einige Leute die Gäste unterhielten und dabei einen ziemlichen

Krach machten, während sie Essen, Früchte und Wein herbeibrachten. Es war am Ende des neunten Monats. An einigen Stellen wurden Fackeln in den Boden des dunklen Gartens gesteckt.

Nachdem er reichlich gegessen und dem Sake gefrönt hatte, legte sich Tarônosuke, müde von der Reise, zu einem friedlichen Schläfchen nieder. Sein brandneues Schwert lag dicht beim Kissen, daneben Pfeile, ein Köcher, die Rüstung und ein Helm. Im Garten liefen einige seiner Männer umher, mit Pfeil und Bogen bewaffnet, um ihn zu bewachen. Der Raum, in dem Tarônosuke schlief, war von zwei riesigen Stoffvorhängen umgeben, die kein Pfeil hätte durchdringen können. Die Fackeln im Garten erhellten den Ort wie Tageslicht, es gab also nichts zu befürchten.

Unterdessen war der Masseur in die Küche gegangen, um seinen Dolch zu schleifen. Er verbarg ihn unter seiner Jacke vor der Brust, schlich bei Einbruch der Dunkelheit in Tarônosukes Zimmer und wartete auf eine günstige Gelegenheit. Als Leute Essen und andere Dinge hineinbrachten und für ein Durcheinander sorgten, mischte er sich unter sie, tat, als brächte er ein rechteckiges Tablett und schlüpfte zwischen den beiden Vorhängen hindurch.

„Den eigenen Vater zu rächen ist etwas, das uns der Weg des Himmels erlaubt", dachte er bei sich selbst. Dann betete er: „Möge der Himmel mich ohne irgendeinen unerwarteten Zwischenfall meinen Plan ausführen lassen, damit ich heute Nacht meine Sohnespflicht erfüllen kann."

Der Masseur blieb unentdeckt. Als Tarônosuke tief schlief, näherte er sich ihm zügig, schlitzte dessen Hals auf und tänzelte hinaus.

Am Morgen kam Tarônosuke so lange nicht aus seinem Zimmer, dass einer seiner Männer ihn zum Essen rufen ging. Da fand er ihn nur noch tot und blutbespritzt vor. Er schrie laut, was die anderen herbeirief, die schon ihre Bogen im Anschlag und ihre Schwerter gezogen hatten. Doch das war sinnlos. Nun galt es herauszufinden, wer Tarônosuke getötet hatte. Weil der keine anderen Vertrauten als seine Männer hatte, verdächtigten sie sich gegenseitig, konnten das aber natürlich nicht aussprechen. „Er ist wirklich auf seltsame Art gestorben", sagten sie zueinander, ohne ihre Aufregung verbergen zu können. „Warum hat er bloß nicht Alarm geschlagen? Dass er so elend sterben würde, während wir ihm all die Jahre dienten und vor und hinter ihm herliefen, das haben wir nicht erwartet. Er mag ja sein Glück aufgebraucht haben, doch das war eine schreckliche Art zu sterben."

Als Koremochi davon hörte, wurde er sehr aufgebracht. „Das bringt mich in Schwierigkeiten. Jemand, der mich fürchtet, hätte keinen meiner Männer auf diese Art töten können. Der Mörder hat also kein bisschen Angst vor mir. Auch Zeit und Ort seines Anschlags sind ungewöhnlich. Es wäre schon zu Hause schwer zu ertragen gewesen, aber dass einer meiner Männer getötet wird, während wir einen fremden Ort besuchen, ist wirklich ärgerlich."

Dann fiel ihm ein: „Wenn ich darüber nachdenke, so hat Tarônosuke doch vor einigen Jahren jemanden getötet. Der Gouverneur hatte einen untersetzten Samurai, der der Sohn des Getöteten war. Dieser Mann muss den Mord begangen haben." Mit diesem Gedanken ging Koremochi zum Haus des Gouverneurs.

Als er vor diesem saß, sagte er: „Mein Herr, letzte Nacht hat jemand einen meiner Gefolgsleute getötet. Auf einer solchen Reise bringt mich das in arge Bedrängnis. Das ist sicher kein Zufall. Denn vor Jahren ließen wir jemanden töten, der auf einem Pferderücken sitzend rüde unseren Weg kreuzte. Der Sohn dieses Mannes ist Euer Gefolgsmann. Ich bin mir sicher, dass er für den Mord letzte Nacht verantwortlich ist. Ich würde ihn gern diesbezüglich befragen."

Der Gouverneur antwortete: „Das war zweifellos die Tat dieses Mannes. Ich verspürte gestern Schmerzen in meiner Hüfte und bat ihn um eine Massage. Als ich ihn fragte, ob er denn Tarônosuke kenne, verneinte er dies. Dann erzählte ich ihm, dass Tarônosuke der Mörder seines Vaters sei. Es sei gut, wenn man einen solchen Mann an seinem Gesicht erkenne, sagte ich. Doch Tarônosuke würde wohl gar nichts beim Anblick des Masseurs denken, und das sei doch wirklich schlecht. Da senkte mein Masseur die Augen, stand auf und ging. Seitdem habe ich ihn nicht mehr gesehen. Dabei verlässt er mich sonst nie und ist Tag und Nacht für mich da. Es ist also seltsam, dass er seit der vergangenen Nacht nicht mehr aufgetaucht ist. Noch etwas anderes macht ihn verdächtig: Letzte Nacht schärfte er in der Küche sein Schwert. Das hörte ich heute Morgen von meinen Männern. Nun wollt Ihr ihn also befragen. Soll das heißen, dass Ihr ihn töten wollt, wenn er schuldig ist? Ich werde ihn jedenfalls nur herbeirufen, wenn Ihr mir Eure Absichten mitteilt. Ich, Kanetada, bin ein unwürdiger Mensch, Ihr dagegen seid klug. Doch ich bin auch Euer Vater. Nehmt einmal an, jemand würde mich töten und einer Eurer Männer dann den Mörder. Nehmt weiter an, die Leute würden dann schlecht über ihn reden. Würdet Ihr das begrüßen? Steht die Rache für den Mord am eigenen Vater nicht im Einklang mit dem Weg des Himmels? Ihr seid solch ein herausragender Krieger, dass jemand, der mich umbrächte, niemals mehr zur Ruhe käme. Doch nun wollt Ihr jemanden zur Rechenschaft ziehen, der gerade seinen Vater gerächt hat, und das, obwohl er für mich arbeitet. Das zeigt, dass Ihr in einem ähnlichen Fall nicht einmal um mich trauern würdet."

Das sprach Kanetada mit lauter Stimme, als er sich erhob. Koremochi erkannte, dass er etwas Falsches gesagt hatte. Auch er stand auf und zeigte so viel Respekt wie möglich. Er beschloss, dass er nichts mehr in der Angelegenheit tun könne und kehrte in seine Provinz Mutsu zurück. Seine Männer kümmerten sich um Tarônosukes Leiche.

Etwa drei Tage danach tauchte der Mörder Tarônosukes in Schwarz gekleidet auf. Er trat so niedergeschlagen und ängstlich vor den Gouverneur, dass sowohl dieser als auch die anderen Männer im Raum zu Tränen gerührt waren. Danach wurde er von den Menschen geachtet und gefürchtet. Doch bald schon erkrankte er und starb. Der Gouverneur betrauerte diesen Verlust.

Den eigenen Vater zu rächen ist etwas, was selbst unter herausragenden Kriegern nur selten geschieht. Doch dieser Mann tat es ganz allein. Kühn tötete er den Vatermörder, obwohl der von vielen bewaffneten Kameraden bewacht wurde. Das beweist, dass er wirklich im Einklang mit dem Weg des Himmels stand. Die Menschen lobten ihn dafür.

YOROZUS MUT

Im Jahre 587 n. Chr. wird die Politik des Reiches von den beiden Familien Soga und Mononobe bestimmt. Umako, der Führer der Soga, trägt den Titel ô'omi, „Oberverwalter", und steht der Reichsbürokratie vor. Moriya, der Führer der Mononobe, trägt den Titel ômuraji, „Großer Anführer", und repräsentiert alle Clans, die durch kaiserliches Dekret zugelassen sind. Die beiden sind bei Gericht gleichberechtigt. Natürlich versucht jeder der beiden, den anderen zu übervorteilen. Üblich ist dabei, einen Mann eigener Wahl im königlichen Gefolge unterzubringen. Im vierten Monat des Jahres 587 stirbt der 31. Kaiser, Yômei. Sofort beginnen die Intrigen um seine Nachfolge. Die Mononobe unterstützen einen Prinzen namens Anahobe, doch Umako lässt diesen und seinen Bruder Yakabe ermorden. Dann entschließt er sich, die Mononobe ein für allemal zu bezwingen. Wie ihr Name – „bewaffnete Division" – bereits vermuten lässt, sind die Mononobe ein militärischer Clan, dem sogar noch polizeiliche Autorität beigeordnet ist. Doch ohne Unterstützung aus dem Volk werden sie schnell bezwungen. Im achten Monat wird Prinz Hatsusebe von Seiten der Soga zum 32. Kaiser Sushun ernannt. Fünf Jahre später erfährt Umako, dass Sushun ihn ablehnt und lässt daraufhin erst diesen und dann dessen Attentäter ermorden. Die Geschichte Yorozus wird in dem Kapitel über den Herrscher Sushun im Nihon Shoki *erzählt.*

Yorozu, der Diener des Mononobe-no-Moriya, des großen Anführers der Vogelfänger-Division, der einhundert Männer angehörten, kümmerte sich um das Anwesen seines Meisters in Naniwa. Als er vom Tod Mononobes und der Vernichtung seines Clans hörte, floh er des Nachts auf dem Pferd in Richtung des Dorfes Arimaka in Chinu. Dabei kam er am Haus seiner Ehefrau vorbei und verbarg sich auf einem nahe gelegenen Hügel.

Der Kaiserhof nahm sich der Angelegenheit an und verkündete: „Yorozu plant einen Aufstand. Darum hat er sich auf dem Hügel versteckt. Tötet unverzüglich seine Familie. Fehler werden nicht geduldet."

Yorozu wurde gefunden, allein, seine Kleidung zerrissen und schmutzig, sein Gesicht ausgemergelt; doch hielt er einen Bogen in den Händen und trug ein Schwert. Der zuständige Kommandeur ließ ihn von mehreren Hundert Soldaten umringen. Yorozu bekam das mit und verbarg sich im Bambusdickicht. Er band einige Seile um den Bambus und zog daran, um seine Feinde zu verwirren, die mit dem Ruf „Da ist Yorozu!" auf die sich windenden Stäbe zustürmten. Yorozu schoss auf sie, und nicht ein einziger Pfeil verfehlte sein Ziel. Die Soldaten erschraken und wagten es nicht mehr, sich ihm zu nähern.

Yorozu nahm die Sehne vom Bogen, klemmte diesen unter den Arm und rannte zum Hügel. Die Soldaten schossen von jenseits eines Flusses auf ihn, doch trafen ihn nicht. Rasch eilte ein Soldat Yorozu entgegen, lauerte ihm am Fluss auf und erwischte ihn mit einem Pfeil im Knie. Yorozu zog den Pfeil heraus, spannte die Sehne wieder um seinen Bogen und begann zurückzuschießen. Dann warf er sich zu Boden und schrie: „Ich bin ein Schutzschild für den Kaiser und wollte meinen Mut beweisen, doch Ihre Majestät hat nie nach mir gerufen. Stattdessen bin ich in diese Notlage gedrängt worden. Jemand möge mir nun sagen, ob man mich töten oder nur gefangen nehmen will."

Daraufhin setzten die Soldaten ihren Beschuss fort. Yorozu wich ihren Pfeilen aus und tötete in kurzer Folge dreißig seiner Gegner. Dann hieb er seinen Bogen mittels seines Schwertes in drei Teile, verbog das Schwert und warf es in den Fluss. Schließlich stach er sich mit seinem Kurzschwert durch den Hals und starb.

Der Gouverneur von Kauchi berichtete dem kaiserlichen Hof von Yorozus Tod. Daraufhin erging der Erlass: „Zerhackt die Leiche des Mannes in acht Teile, spießt diese auf und stellt sie in den acht Provinzen zur Schau."

Als der Gouverneur von Kauchi versuchte, Yorozus Leichnam zu zerhacken und aufzuspießen, ertönten Donnerschläge, und es kam zu sintflutartigen Regenfällen.

Es gab einen weißen Hund, den sich Yorozu gehalten hatte. Der trottete um den zerhackten Leichnam seines Herrchens herum, blickte auf und ab und bellte. Schließlich nahm er den Kopf seines Herrchens auf und brachte diesen in ein altes Grab. Dann legte er sich daneben nieder und überließ sich dem Hungertod.

Der Gouverneur von Kauchi erkundigte sich nach dem rätselhaften Hund und erstattete bei Hofe Bericht. Dort brachte man in einem Beileidsschreiben sein Bedauern zum Ausdruck:

„Der Hund hat etwas getan, wovon man nur selten in der Welt hört. Macht ihn zu einem Vorbild für die Zukunft. Erlaubt Yorozus Verwandten, ein Grab zu errichten und ihn dort zu bestatten."

Folglich errichtete Yorozus Familie im Dorf Arimaka zwei Gräber, die Seite an Seite lagen, und bestattete darin Yorozu und seinen Hund.

*Yamato Takeru oder „Yamato der Tapfere" ist wahrscheinlich eine zusammenge-
setzte mythologische Figur, die im ersten Teil ihres Lebens eine Menge erreichte, doch
einen einsamen und bitteren Tod starb. Die japanische Geschichte wimmelt nur so
von gescheiterten Helden. Doch ob mythologisch oder historisch verbürgt, Verlierer
erregen in Japan stets größere Sympathien und Begeisterung als Gewinner. Yamato
Takeru ist die erste Gestalt, die in dieser Hinsicht vollständig beschrieben wurde,
und ragt auch deshalb heraus, weil Yamato, was ursprünglich nur eine kleine Ecke
in Nara bezeichnete, zum symbolischen Namen für ganz Japan wurde. Yamato
Takeru taucht in den beiden frühesten offiziellen Geschichtsbüchern Japans auf: dem
halb-mythologischen* Kojiki *(„Aufzeichnung vergangener Angelegenheiten"), zusammengestellt im Jahre 712, dem ältesten vorhandenen Buch in Japan überhaupt,
und im* Nihon Shoki *(„Geschichte Japans"), zusammengestellt im Jahre 720.
Yamato war einer der zahlreichen Söhne des zwölften Kaisers Keikô, der tatsächlich
im vierten Jahrhundert existiert haben könnte. Yamatos Geburtsname war Ousu,
„Kleiner Mörser"; er hatte einen Zwillingsbruder, der Ôusu hieß, „Großer Mörser".
Im* Nihon Shoki *heißt es: „Sowohl Prinz Ôusu als auch Prinz Ousu wurden an
einem Tag aus der gleichen Plazenta geboren. Der Kaiser warnte den Mörser. Darum wurden die beiden Prinzen Großer und Kleiner Mörser genannt." Keikôs selt-
sames Verhalten erklärt sich so: Nach einem alten Volksglauben soll der Mann
einen schweren Mörser mit sich herumtragen, wenn seine Frau in schwierigen Wehen
liegt. Keikô, dessen offizieller Name Ôtarashi-hiko-oshiro-wake war, warnte den
Mörser, weil es so lange dauerte, bis der zweite der Zwillinge das Licht der Welt
erblickte. Dieser Sohn wurde dann „drei Meter groß und so stark, dass er leicht
einen großen rituellen Kupferkessel hochheben konnte", wie das* Nihon Shoki *mit
leichter Übertreibung anmerkt.* Jedenfalls wird Yamato Takeru mit Ausdrücken
beschrieben, wie sie sonst nur für Kaiser üblich sind, und zumindest in einem alten
Text wird er selbst als Kaiser bezeichnet. Im* Kojiki, *aus dem wir den Rest der
Geschichte zitieren, beginnt Ousu seine Laufbahn, indem er seinen Bruder auf eher
banale Weise umbringt. Seiner Frisur zufolge muss er damals noch ein Heranwach-
sender gewesen sein.*

Der Kaiser fragte Prinz Ousu: „Warum kommt dein großer Bruder
nicht zu unseren Mahlzeiten am Morgen und am Abend? Geh mal zu
ihm und überzeuge ihn davon, daran teilzuhaben."

---

* Das *Nihon Shoki* war in der offiziellen Sprache jener Zeit, also in Chinesisch, verfasst.

Fünf Tage vergingen, doch Prinz Ôusu tauchte nicht auf. Also fragte der Kaiser erneut: „Warum ist dein Bruder so lange nicht aufgetaucht? Hast du schon mit ihm gesprochen?" Der Prinz antwortete: „Ich habe ihn bereits überzeugt." Der Kaiser fragte: „Wie hast du das gemacht?" Der Prinz antwortete: „Als er bei Tagesanbruch die Privatgemächer betrat, lauerte ich ihm auf, ergriff ihn und quetschte ihn zu Tode. Dann riss ich ihm die Gliedmaßen heraus, wickelte sie in Strohmatten ein und warf sie weg."

Als er das hörte, erschrak der Kaiser über seines eigenen Sohnes wilden Geist und sagte: „Es gibt zwei mutige Männer in Kumasos Westen. Sie sind Aufständische, die sich weigern, sich mir zu ergeben. Geh dorthin und töte sie." So sandte er ihn weg. Der Prinz trug zu dieser Zeit immer noch das Haar auf der Stirn. Von seiner Tante erhielt er eine Robe und einen Hosenrock, steckte einen Dolch ein und brach auf.

Als Ousu an der Hütte der Tapferen aus Kumaso ankam, fand er sie von drei Reihen Soldaten umstellt. Die Leute hatten sich um eine neu errichtete Hütte versammelt, um ein Fest vorzubereiten. Der Prinz wartete den Festtag ab, kämmte dann sein Haar wie ein Mädchen herunter und zog die Robe und den Hosenrock an, die ihm von seiner Tante mitgegeben worden waren. So als Mädchen verkleidet, mischte er sich unter die Frauen, schlüpfte in die Hütte und setzte sich dort nieder. Als die Tapferen aus Kumaso, zwei Brüder, ihn sahen, waren sie von seiner weiblichen Schönheit angetan, ließen ihn in ihrer Mitte Platz nehmen und kamen einander so näher.

Auf dem Höhepunkt des Festes zog der Prinz seinen Dolch, ergriff den älteren Bruder am Revers und stach ihm in die Brust. Der jüngere Bruder bekam Angst und rannte davon. Der Prinz verfolgte ihn und stach ihm auf der Treppe in den Hintern. Da sagte der Tapfere aus Kumaso: „Beweg den Dolch nicht. Ich habe etwas zu sagen."

Also drückte ihn der Prinz erst einmal nur nieder. Der Tapfere fragte: „Wer seid Ihr?" Der Prinz antwortete: „Ich bin ein Sohn des Kaisers Ôtarashi-hiko-oshiro-wake, der vom Hishiro-Palast in Makimuku aus die *Großen Acht Inseln* regiert. Mein Name ist Prinz Yamato. Seine Majestät vernahm, dass ihr beiden Tapferen aus Kumaso euch nicht ergeben und ihm keinen Respekt erwiesen hättet, darum sandte er mich hierher, um euch zu töten."

Als er das hörte, meinte der Tapfere aus Kumaso: „Das stimmt. Im Westen gibt es keine anderen Tapferen und niemanden, der so stark ist wie wir. Doch im Großen Land Yamato gibt es einen Mann, der weitaus tapferer ist als wir. Darf ich Euch einen Namen geben? Von nun an solltet Ihr Euch selbst Prinz Yamato Takeru nennen."

Nachdem er das gesagt hatte, wurde er vom Prinzen wie eine reife Melone zerteilt. Von da an ehrten die Menschen den Prinzen, indem sie ihn Yamato Takeru nannten. Auf seinem Rückweg unterwarf und befriedete er alle Berg-, Fluss- und Meeresgottheiten. Als er in der Provinz Izumo ankam, entschloss er sich, den Tapferen aus Izumo zu töten. Darum freundete er sich erst einmal mit ihm an. Im Verborgenen schnitzte er ein Schwert aus Eiche und gab es als echtes aus, als er mit dem Tapferen aus Izumo im Flusse Hi baden ging. Er entstieg als erster dem Wasser, nahm das Schwert, das der Tapfere abgelegt hatte, und sagte: „Lasst uns unsere Schwerter tauschen." Als dann der Tapfere aus dem Fluss gekommen war und Yamatos Schwert ergriffen hatte, forderte der ihn auf: „Lasst uns die Schwerter kreuzen." Doch der Tapfere aus Izumo konnte sein Schwert nicht ziehen. Der Prinz tötete ihn.

Nachdem er so das Land gesäubert und erobert hatte, kehrte er zurück, um Bericht zu erstatten. Der Kaiser sagte erneut: „Unterwirf und befriede die wilden Götter und Menschen, die sich uns in den zwölf Provinzen des Ostens noch nicht ergeben haben." Als er ihn zusammen mit Kibi no Omi als zweitem Kommandanten entsandte, gab er ihm einen langen Speer mit, der aus Stechpalme gefertigt war.

Der Prinz hielt auf seinem Weg beim Ise-Schrein an, betete beim Sitz der Göttin und sagte zu seiner Tante, Prinzessin Yamato: „Seine Majestät wünscht wohl, ich sei tot. Wie könnte er mich sonst ohne eine große Anzahl Soldaten losschicken, um die bösen Menschen der zwölf Länder des Ostens zu unterwerfen, wo doch kaum Zeit vergangen ist, seit ich von der gleichen Mission im Westen zurück bin." Betrübt wollte er sich auf den Weg machen, als Prinzessin Yamato ihm ein Schwert und einen Beutel mit den Worten überreichte: „Wenn du dich in Not befindest, öffne den Beutel."

Als Yamato Takeru die Provinz Owari erreichte, betrat er das Haus von Prinzessin Miyazu, der Vorfahrin des Gouverneurs von Owari. Er wollte sie sofort heiraten, entschloss sich aber, dies erst auf dem Rückweg zu tun. So zog er gen Osten und unterwarf und befriedete alle wilden Berg- und Flussgötter sowie die Menschen, die sich nicht ergeben hatten.

Als er die Provinz Sagamu erreichte, belog ihn der dortige Gouverneur: „Inmitten dieses Feldes da gibt es einen großen Sumpf, in dem eine schrecklich aufsässige Gottheit lebt." Um die Gottheit zu sehen, ging der Prinz dorthin. Daraufhin ließ der Gouverneur das Feld in Brand setzen. Da der Prinz erkannte, dass er getäuscht worden war, öffnete er die Tasche, die ihm seine Tante mitgegeben hatte, und fand darin Feuersteine. So mähte er zuerst mittels seines Schwertes das Gras nieder. Dann schlug er die Feuersteine aneinander und entzündete ein Gegenfeuer, das sich von ihm fortbewegte. Nachdem er das Feld verlassen hatte, schlug er den Gouverneur und seine Männer tot und steckte sie in Brand. Darum wird der Ort nun *Yaizu,* „Brennende Furt", genannt.

Yamato Takeru verließ diese Provinz und versuchte, einen See zu überqueren, der „Fließendes Wasser" genannt wurde, doch die Gottheit des Meeres türmte hohe Wellen auf und warf sein Schiff herum, so dass er nicht vorankam. Als sie das sah, sagte seine Frau, Prinzessin Ototachibana: „Ich werde an Eurer Stelle zur See fahren. Ihr, mein Fürst, müsst Eure Mission beenden und Seiner Majestät Bericht erstatten." Dann ließ sie acht Schilf-, acht Leder- und acht Seidenmatratzen auf die Wellen legen und setzte sich darauf. Die rauen Wellen beruhigten sich und das Schiff des Prinzen kam wieder voran. Die Prinzessin sang:

Die Flammen verzehren das Feld von Sagamu nahe den Hügeln.
Inmitten dieser Feuersbrunst rieft Ihr nach mir!

Sieben Tage später wurde ihr Kamm ans Ufer geschwemmt. Sie hoben ihn auf, bauten eine Grabstätte und legten ihn hinein.

Nachdem der Prinz ins Land ausgezogen war und die wilden *emishi* unterworfen sowie die wilden Berg- und Flussgötter befriedet hatte, erreichte er auf dem Rückweg den Pfad zum Berg Ashigara hinauf. Er verspeiste gerade getrockneten Reis, als sich die Berggottheit in einen weißen Hirsch verwandelte und neben ihn stellte. Der Prinz ergriff das eine Ende der *Hiru*-Pflanze, die er noch nicht aufgegessen hatte, und schlug damit nach dem Hirsch. Er traf ihn im Auge und tötete ihn so. Danach bestieg er den Berg und seufzte, als er auf dessen Spitze stand,

drei Mal: „Meine Frau!" Darum wird diese Provinz heute *Azuma* genannt: „Meine Frau".

Er verließ die Provinz auf dem Landweg und gelangte nach Kai. Im
Sakaori–Palast sang er:

> Seit wir Niibari und Tsukuba passiert haben,
> wie viele Nächte haben wir da geschlafen?

Ein alter Fackelanzünder stimmte ein:

> Zusammen macht das neun Nächte und zehn Tage.

Dann gelangte der Prinz in die Provinz Shinano, unterwarf bald die
dortige Berggottheit und kehrte nach Owari zurück, wo er mit Prinzessin Miyazu zusammenblieb, mit der er schon früher eine Verbindung
eingegangen war. Sie richtete ein reichhaltiges Bankett für ihn aus und
überreichte ihm eine große Sake-Tasse. Am Saum ihres Gewandes befand sich ein Fleckchen Menstruationsblut. Als der Prinz das entdeckte,
sang er:

> Über den unendlich himmlischen Berg Kagu
> fliegen Schwäne mit sichelförmigen Hälsen.
> Dein Arm ist so dünn, so biegsam,
> ich hätte ihn gern als Kissen benutzt,
> hätte gern mit dir geschlafen,
> doch am Saum deines Rockes
> ist der Mond aufgegangen.

Prinzessin Miyazu sang in Erwiderung:

> Unser Prinz der hoch leuchtenden Sonne,
> unser Herrscher, der mit den acht Bezirken vertraut ist –
> so wie jedes Jahr mit einem neuen Entschluss vergangen ist,
> so auch jeder Monat.
> Mein Herr, mein Herr, ich konnte nicht länger auf Euch warten,
> und am Saum meines Gewandes
> ist der Mond aufgegangen.

Er heiratete sie an Ort und Stelle, überließ ihr sein Schwert, zog aus, die Gottheit vom Berg Ibuki zu töten und sagte: „Ich werde die Gottheit dieses Berges mit leeren Händen bekämpfen, von Angesicht zu Angesicht." Als er den Berg bestieg, begegnete er einem weißen Bären, der so groß wie ein Ochse war. Bei diesem Anblick gab er eine verbotene Erklärung ab: „Dieses Ding in der Verkleidung eines weißen Bären muss ein Bote der Gottheit sein. Ich werde es nicht jetzt töten, sondern auf meinem Rückweg." Dann setzte er seinen Aufstieg fort. Die Gottheit aber verursachte einen Wolkenbruch, der den Prinzen völlig verwirrte. Also ging er zurück. Als er Shimizu – „Klares Wasser" – in Tamakurabe erreichte und sich dort ausruhte, kam er wieder zu Sinnen. Darum wird das klare Wasser dort *Isame no Shimizu* genannt: „Klares Wasser, wo er wieder zu Sinnen kam".

Nachdem er diesen Ort verlassen hatte, kam er in die Nähe von Tagino und sagte: „Ich dachte immer, ich könne durch die Lüfte fliegen, doch nun kann ich kaum noch laufen, denn meine Beine wackeln." Darum wurde dieser Ort *Tagi*, „Wackler", genannt.

Als er sich ein wenig von dem Ort entfernt hatte, überkam ihn Erschöpfung, darum ging er langsam, auf einen Stock gestützt, weiter. Darum wurde der Ort *Tsuetsuki-zaka* genannt, „Abhang mit Gehstock".

Als er die einsame Pinie am Kap von Otsu erreichte, fand er das Schwert, das er dort einst nach einer Mahlzeit vergessen hatte, noch immer vor. Da sang er:

> Direkt nach Owari blickend,
> die einsame Pinie dort am Kap von Otsu, du, mein Bruder!
> Einsame Pinie, wenn du menschlich wärest,
> würde ich dich ein Schwert und eine Robe tragen lassen,
> einsame Pinie, du, mein Bruder!

Als er das Dorf Mie erreichte, sagte er: „Meine Füße sind dreifach gekrümmt und völlig erschöpft." Darum wurde dieser Ort *Mie,* „dreifach", genannt. Als er Nobono erreichte, bekam er Sehnsucht nach seiner Heimat und sang:

> Wie liebenswert! Aus der Richtung
> meines Hauses tauchen Wolken auf!

Dies ist ein *katauta*, ein „Halblied". In diesem Augenblick verschlimmerte sich plötzlich seine Sehnsucht. Er sang:

> Die Schwertklinge, die ich
> neben dem Bett meines Mädchens zurückließ,
> diese Klinge!

Sobald er das Lied beendet hatte, verstarb er. Die Nachricht von seinem Tode wurde dem Herrscher von einem Boten zu Pferde überbracht.

Die Frauen und Kinder des Prinzen, die in Yamato lebten, kamen in Gruppen an und errichteten ein Grab. Dann krochen sie in den angrenzenden Reisfeldern herum, weinten und sangen:

> Zwischen den Reishalmen in den angrenzenden Feldern,
> zwischen den Reishalmen kriechen die Reben des wilden Yams.

Da verwandelte sich der Prinz in einen großen weißen Vogel, flog gen Himmel und dann auf den Strand zu. Seine Frauen und Kinder folgten ihm und rissen sich ihre Füße am Bambusgras auf, doch sie vergaßen ihren Schmerz und sangen:

> Das Bambusgrasfeld behindert unsere Hüften.
> Wir können uns nicht in die Lüfte erheben,
> obwohl sich unsere Füße bewegen.

Dann wateten sie in den Ozean und sangen, als ihnen die Wellen entgegenschlugen:

> Der Seegang behindert unsere Hüften.
> Wie Gräser, die in einem großen Fluss heranwuchsen,
> können wir uns im Ozean weder vor noch zurück bewegen.

Als der weiße Vogel wieder aufgestiegen war und sich danach erneut an der Küste ausruhte, sangen sie:

> Küstenkiebitze bewegen sich nicht entlang des Strandes,
> sondern entlang der Küste.

Diese vier Lieder sangen sie bei der Bestattung des Prinzen. Darum wurden sie seitdem bei jeder kaiserlichen Bestattung gesungen.[*]

---

[*] Zum letzten Mal geschah dies bei der Bestattung von Kaiser Meiji (1852-1912).

Bibliographie

Mein Dank für die wertvollen Hinweise gilt einmal mehr Hiroaki Sato.

S. Tsukakoshi/J. Nagano/M. Niehans (Hg.): *Konjaku. Altjapanische Ge-schichten aus dem Volk zur Heian-Zeit. 1. Aufl. Mit Abb. altjap. Bildrollen.* (Zürich 1956)

W. Michael Kelsey: *Konjaku Monogatari-Shu* (Twayne Pub. 1983)

Donald L. Philippi: *Kojiki* (Columbia University Press 1982)

Hiroaki Sato: *Legends of the Samurai* (Woodstock 1995)

Shoi Nihon, W. G. Aston: *Nihongi: Chronicles of Japan from the Earliest Times to A.D. 697* (Tuttle 1972)

H. Zachert: Semmyo. Die kaiserlichen Erlasse des *Shoku-Nihongi* (Berlin 1950)

Auszug aus dem Programm des Angkor Verlages.
Vielen Dank für Ihr Interesse!

Kaibara Ekken: *Der Weg zur Zufriedenheit.*

Das Beste aus dem Lebenswerk des Konfuzianers, das die Erziehung ganzer Generationen von Japanern prägte. [11 Euro]

Kodo Sawaki: *An Dich. Gesammelte Zen-Sprüche.*

„Wie du es auch wendest, in der Welt dreht sich alles ums Ficken und Fressen." Geballte Weisheiten des Zen-Meisters, direkt aus dem Japanischen von einem deutschen Abt übersetzt. [15 Euro]

Suzuki Shosan: *Du wirst sterben! Der Zen-Krieger II.*

Suzuki Shosan war – wie der Autor des *Hagakure* – zunächst Samurai, bevor er Mönch wurde. Seine kriegerische Zen-Lehre ist einmalig und stellt die Konfrontation mit dem Tod in den Mittelpunkt. [11 Euro]

Philippe Coupey (Hg.), Taisen Deshimaru: *Sitzender Drache.*

Im Rahmen der legendären Sommer-Sesshin 1978 vergleicht Deshimaru Rinzai- und Soto-Zen. Wunderbarer Einblick in die Lehrmethode des einflussreichen Meisters. Ausführliches Glossar. [22 Euro]

Daidôji Yûzan: *Der Zen-Krieger. (Budô Shoshinshû)*

Diese klassische Lehrschrift der Samurai ist so etwas wie ein konzentriertes und nüchternes Kompendium zum *Hagakure*. [11 Euro]

Dôgen Zenji: *Shôbôgenzô Band 3 und Band 4. Die Schatzkammer des Wahren Dharma.*

Klassiker der Zen-Literatur aus dem 13. Jh. und eine der wichtigsten philosophischen Schriften Japans. Band 1 und 2 erschienen im *Theseus Verlag*, Band 3 und 4 hier im *Angkor Verlag*. [je 22 Euro]